# おしえて、
# カトリックって。

大熊　薫――著

早美出版社

おしえて、カトリックって。

表紙・絵　山本　太郎

# はじめに

キリストとはどのような人で、キリスト教とはどのような宗教ですか。キリストは真理、道、命だと言われています。本当でしょうか。まずヨハネ第一四章一―六節を読んでみましょう。

◆イエスは父に至る道

一　「心を騒がせるな。神を信じなさい。そして、わたしをも信じなさい。
二　わたしの父の家には住む所がたくさんある。もしなければ、あなたがたのために場所を用意しに行くと言ったであろうか。
三　行ってあなたがたのために場所を用意したら、戻って来て、あなたがたをわたしのもとに迎える。こうして、わたしのいる所に、あなたがたもいることになる。
四　わたしがどこへ行くのか、その道をあなたがたは知っている。」
五　トマスが言った。「主よ、どこへ行かれるのか、わたしたちには分かりません。どうして、その道を知ることができるでしょうか。」
六　イエスは言われた。「わたしは道であり、真理であり、命である。わたしを通らなければ、だれも父のもとに行くことができない。

ここで大切な箇所は最後の六節です。「わたしは道であり、真理であり、命である。わたしを通らなければ、だれも父のもとに行くことができない」。つまり、キリストによらなければ誰ひとり父のもと、つまり神の国に入ることができないとキリストは断言します。

本書を今から読もうとする方の中には、「特に神の国に入りたいとは思わないし、神の国があるとも思えない」と考える方もおられるでしょう。「そもそも神など存在しないのではないか、私は見たことがないものは信じない」といわれる方も多いでしょう。

それはそれで構わないのです。本書の目的は、「自分の学問のため、あるいは教養のため、キリスト教を少しだけ知りたい」と思う方のためにあります。

今から三十数年前、私はキリスト教をもっと深く学ぶため、パリのドミニコ会修道院に行くことにしました。パリに着いたのは九月の半ば頃。「これから一年間勉強するのだ」と張り切っていた当時を思い出します。住むところを探して、毎日、朝早くから夕方までパリ市内の不動産業者を訪ね歩きました。一日に二十件近く、不動産屋の扉を開けたこともあります。どこへ行っても「部屋はない」の答えばかりでした。

「あの窓に空キ部屋アリ、とちらしが貼ってあるじゃないですか」

「あれはもう売れた」

ときには雨のしとしと降る中、惨めな気持ちになって探したこともあります。そこで今度は考えを変え、パリ郊外まで足をのばしました。扉を開ける前から返事は分かっていました。「外人には貸さない」とか、そっけなく「ない」です。

足元を見られてはいけないと思い、日本からたった二足だけ持って来た内の一つで、まだ使っていないピカピカの靴を履いて出かけたこともあります。雨が降ってきて、ズボンも靴もびしょ濡れ。何の成果もなく夕方学生寮にしょんぼりと戻りました。

九月の終わり、パリではしとしとと雨が降り、肌寒い日が続いていました。寮では、朝から夕方までゆっくりとさぼりさぼりながら廊下を拭いている掃除のおばさんがいます。夕方、彼女が濡れた私を見て、「廊下の端を歩け、せっかく掃除したところがまた汚れる」と大声で私をしかります。毎日のことでした。

ある夜、部屋の扉をノックする音がします。開けると知らない男子学生が私に「あなたがいつまでもここにいるから、私が入れない。早くこの部屋を出て行って欲しい」といいます。「分かってます。私も努力してるんです」と返事をするしかありません。

翌日も濡れた靴でパリ中の不動産屋の扉を見つけ次第叩きました。疲れ果ててどうしようもなくなったとき、ふと映画の看板が目に入りました。タイトルは『聖書は僧侶を作らない』というものです。このタイトルはフランス語のことわざで「人は見かけによらぬもの」をもじったものでした。「そうだ、私は聖書を勉強するため、フランスに来たのだ、映画も勉強の一つだ」などと自分に言い訳しながら、その映画館に入ったのです。

笑いながら見ているうちに次のような台詞がありました。「天国は広い。誰でも入れる。家賃も要らない」思わず涙がこぼれました。「そうだ、今すぐにでも天国に入りたい」などと、ふとどきな考えまで頭をよぎったのです。

いったん家探しを中断し、パリのドミニコ会修道院長であるブロー神父に会いに行きました。気分転換です。当時、東京のドミニコ会修道院長ボーリュウ神父が私のために紹介状を書いてくださったので、それを持って行ったのです。

私は知らなかったのですが、ブロー神父は当時フランスではとても有名な方のようでした。本屋には彼の著書が何種類もずらっと並べられていました。「こんな偉い方に会うのか」と思うと、少しばかり気後れしました。

彼は身長百九十センチくらいのがっしりした方で、握手したときの分厚い手とそのぬくもりが今でも忘れられません。修道院で勉強させて欲しいという私の願いをすぐ聞き入れてくださいました。以前エルサレム聖書研究所で研究をしておられた指導教授も紹介してくださいました。

「何か他に困ったことはありませんか」

「はい、実はまだ住む家が見つかっていないのです」

「それでは、今あなたがいる学生寮の電話番号を教えてください。何とかなるでしょう」

翌日、ある不動産会社の社長から電話がありました。何と、シャンゼリゼ大通りの直ぐ裏にある豪華なアパートの一室を紹介されたのです。床は赤い絨毯が敷き詰められており、入口ではガードマンが扉を開けてくれます。これでひと安心。ただ、ここは家賃がかなり高額（当時の私の給料は十三万円、そこの家賃は八万五千円）で、一か月後に二歳九か月の娘を連れてやってきたうちのカミサンのぼやき。「高い、高すぎる、どうするの、こんな高い家賃、いつまでも払えないでしょう」

私の独り言「うるさい、人の苦労も知らないで。鬼」

再び、私の家探しが始まります。二か月後、ついにパリ市内の北にある十七区の、貧しいアパート（エレベーターなし）の八階にある屋根裏部屋（家賃四万円）をソルボンヌ大学の紹介で見つけたのです。私は新しい家主にお願いをしました。

「あのー、三歳の娘がいまして、彼女がまだ小さいので、床の上で遊んだりします。もう一人カミサンのお腹には子供がいます。ですから床に絨毯を敷いていただけないでしょうか」。シャンゼリゼのアパートの豪華なイメージが残っていたのです。

「これがパリの典型的な屋根裏部屋だから、そんなものは必要ないですよ。ところであなたの保証人はどなたですか」

私はブロー神父と最初にお会いしたとき、彼が私のために書いてくださった身元引受人の保証書を見せました。

「あれっ、あなたはブロー神父とお知り合いなの」

「はい、今シャンゼリゼの修道院で聖書を勉強しています」

数日後、入居のためその部屋に入ると、薄緑色の絨毯が部屋中に敷かれていました。屋根裏部屋のため、パリ市中の屋根がずっと遠くまで見渡すことができます。トイレの窓からはエッフェル塔も。「それにしてもフランスはカトリックの国だなあ」とつくづく思った次第でした。ブロー神父の名前を見ただけで、ここまでしてくれるなんて。これでまた別な意味で安心、安心。

横道にそれてしまいました。本題に戻ります。広いだけでなく神の国とはどんな国でしょうか。マタイ第二五章三一―四六節を読んでください。

◆すべての民族を裁く

三一　「人の子は、栄光に輝いて天使たちを皆従えて来るとき、その栄光の座に着く。
三二　そして、すべての国の民がその前に集められると、羊飼いが羊と山羊を分けるように、彼らをより分け、
三三　羊を右に、山羊を左に置く。
三四　そこで、王は右側にいる人たちに言う。『さあ、わたしの父に祝福された人たち、天地創造の時から お前たちのために用意されている国を受け継ぎなさい。
三五　お前たちは、わたしが飢えていたときに食べさせ、のどが渇いていたときに飲ませ、旅をしていたときに宿を貸し、
三六　裸のときに着せ、病気のときに見舞い、牢にいたときに訪ねてくれたからだ。』
三七　すると、正しい人たちが王に答える。『主よ、いつわたしたちは、飢えておられるのを見て食べ物を差し上げ、のどが渇いておられるのを見て飲み物を差し上げたでしょうか。
三八　いつ、旅をしておられるのを見てお宿を貸し、裸でおられるのを見てお着せしたでしょうか。
三九　いつ、病気をなさったり、牢におられたりするのを見て、お訪ねしたでしょうか。』
四〇　そこで、王は答える。『はっきり言っておく。わたしの兄弟であるこの最も小さい者の一人にした

のは、わたしにしてくれたことなのである。』
四一　それから、王は左側にいる人たちにも言う。『呪われた者ども、わたしから離れ去り、悪魔とその手下のために用意してある永遠の火に入れ。
四二　お前たちは、わたしが飢えていたときに食べさせず、のどが渇いたときに飲ませず、
四三　旅をしていたときに宿を貸さず、裸のときに着せず、病気のとき、牢にいたときに、訪ねてくれなかったからだ。』
四四　すると、彼らも答える。『主よ、いつわたしたちは、あなたが飢えたり、渇いたり、旅をしたり、裸であったり、病気であったり、牢におられたりするのを見て、お世話をしなかったでしょうか。』
四五　そこで、王は答える。『はっきり言っておく。この最も小さい者の一人にしなかったのは、わたしにしてくれなかったことなのである。』
四六　こうして、この者どもは永遠の罰を受け、正しい人たちは永遠の命にあずかるのである。」

四六節に注目してください。「神の国には永遠の命がある」とイエスは説きます。それだけでしょうか。今度はマタイ第五章三―一二節を読んでください。

◆幸い
三　心の貧しい人々は、幸いである、／天の国はその人たちのものである。
四　悲しむ人々は、幸いである、／その人たちは慰められる。
五　柔和な人々は、幸いである、／その人たちは地を受け継ぐ。
六　義に飢え渇く人々は、幸いである、／その人たちは満たされる。
七　憐れみ深い人々は、幸いである、／その人たちは憐れみを受ける。
八　心の清い人々は、幸いである、／その人たちは神を見る。

九　平和を実現する人々は、幸いである、／その人たちは神の子と呼ばれる。
一〇　義のために迫害される人々は、幸いである、／天の国はその人たちのものである。
一一　わたしのためにののしられ、迫害され、身に覚えのないことであらゆる悪口を浴びせられるとき、あなたがたは幸いである。
一二　喜びなさい。大いに喜びなさい。天には大きな報いがある。あなたがたより前の預言者たちも、同じように迫害されたのである。」

ここに表現されている天の国では、どうやら完全な幸福が約束されているようです。

本書は、このように聖書を中心に「キリスト教とは何か」をゆっくりと解説していきます。これは、私の霊的な父であるドミニコ会士リシャール神父が私に教えてくれた道筋です。

私は学生のときから一九世紀フランスの詩人、ポール・ヴェルレーヌを研究していましたが、彼の詩集の一つである『叡智』を読んでも、どうもピンと来ません。恐らくカトリックに関する知識、いやキリスト教そのものに関する知識が全く無いからだろうと考えました。

当時の私は、プロテスタントとカトリックの違いも知りませんでした。もちろん神父と牧師の違いも。プロテスタントは新教と呼ばれているので、新約聖書を使い、カトリックは旧教と呼ばれているので旧約聖書を使うのかなあという、実に恥ずかしいくらいキリスト教にかんしては無知だったのです。

そこで、大学院に入ったとき、大学の近所にあるカトリック教会の門を叩きました。現れたのはたっぷり太った、にこやかな神父さんでした。それがリシャール神父です。私は彼にきわめて勝手なお願いをしました。

「僕にキリスト教を教えてください。でも、僕は仏教徒です。キリスト教の信者になる気はありません。研究のための知識だけでいいのです。それでもいいですか」

リシャール神父は微笑みながら、私の願いを気持ちよく聞き入れてくださいました。彼は私がフランス文学を研究していることを知ると、「それではフランス語で一緒にキリスト教を勉強しましょう。私もフランス語の方が楽ですから」と。

彼はカナダのケベック出身だったのです。それから毎週土曜日の午後、約二時間、彼からキリスト教を学びました。四年後、私は熊本大学教養部にフランス語の教員として就職しました。そしてもっともっとキリスト教が知りたくなって、フランスに行くことにしたのです。

フランスでの最初の苦労は先ほど述べたとおりです。帰国後は、福岡と熊本はさほど距離がないので、私はやはり毎週土曜日、リシャール神父のところへ通いました。その勉強会は二十数年続きます。そのときの成果が本書なのです。

言い換えれば、本書はリシャール神父が作ったも同然です。私は彼の代筆者にしかすぎません。ですから、みなさんはどうぞ安心して読み進んで欲しいと思います。キリスト教の専門家であるリシャール神父が示したキリスト教への道筋をそのまま辿ること、これが私の使命ではないかと考えます。

最後にひとつお願いがあります。どうぞ本書を急いで読まないでください。リシャール神父もいっておられたのですが、人間の集中力はせいぜい一時間かそこいらです。ですから一時間程度を限度に本書を閉じ、また次の週にでも続きを読んで欲しいと思います。それでは、来週からリシャール神父が作ってくださった道に一歩踏み入れましょう。

注一　聖書の引用部分は聖書総合ソフト、『バイブルメイト〈ホップ〉』、キリスト新聞社、一九九八年、を使用しました。

注二　本書はカトリック教会の正式な認可を受けて出版されたものではありません。従って、本書の内容についてカトリックの教えに反するような箇所があったとしても、一切の責任は著者である大熊　薫が負うものです。

注三　本書の表紙は、私の大切な友の一人である山本哲郎教授（熊本大学大学院生命科学研究部分子病理学分野）のご子息である山本太郎氏に無理をいってお願いし、描いていただきました。山本太郎氏にはこの場をお借りして、心より御礼申し上げます。

山本太郎氏の略歴

一九七四年　熊本生まれ

一九九三年　熊本県立熊本高等学校卒業

一九九九年　京都造形芸術大学在学中に日本画ならぬ「ニッポン画」を提唱

二〇〇七年　現代美術の登竜門にあたるVOCA賞を受賞

個展

二〇〇九年　「ニッポン画物見遊山」美術館「えき」KYOTOなど多数

二〇一二年　Kamisaka Sekka Dawn of Japanese Design ニューサウスウエールズ州立美術館（シドニー・オーストラリア）など多数

二〇一三年より秋田公立美術大学准教授

表紙絵タイトル「私の血と肉にはちょっとお醤油とお魚が混じっている」　二〇一三年　紙本着色銀彩　三七九×四五五cm

「© Taro Yamamoto, courtesy of imura art gallery」

# 目次

# 第一章　真理について

# 第一話　聖書とは

## （一）聖書について

キリスト教とは何かを知るため、まずは神の国について学びます。その前の段階として、聖書について簡単に確認しましょう。

聖書は大きく分けて二部構成になっています。旧約聖書と新約聖書です。どちらがキリスト教にとってより重要でしょうか。

「旧約聖書ですか」

「ナゼデスカ」

「旧約聖書は新約聖書よりぶ厚いからです」

リシャール神父は笑いながら「私ハアナタヨリ太ッテイマス。ソノヨウナ理由ダケデ、私ハアナタヨリ重要デスカ」

「・・・・」

答えは新約聖書です。その理由は次のように説明されます。

| | 共通点 | 相違点 |
|---|---|---|
| **旧約聖書** | 神の言葉が書かれている | 預言者をとおして |
| **新約聖書** | 神の言葉が書かれている | キリストをとおして |

相違点に注目してください。旧約聖書は預言者、つまり人間をとおして神の言葉が書かれています。しかし、新約聖書はキリスト、つまり神の子をとおして神の言葉が書かれているのです。その意味で、キリスト教にとっては、新約聖書の方がより重要だといえるのです。もちろん、旧約聖書と新約聖書は切り離すことができないものです。

三十数年前、パリのドミニコ会修道院長であったブロー神父と、モンブランの中腹を歩きました。途中にとても大きな湖がありました。その水面にアルプスの山々がくっきりと映っています。ブロー神父はそのとき、「御覧なさい、これが旧約聖書と新約聖書の世界です。実に美しいですねえ」と、いわれたことを思い出します。

(二) キリストの教え

それでは、キリストは何について教えているのでしょうか。その答えはキリスト自身に聞いてみましょう。「私が教えるのではありません。キリストが教えるのです」と、いつもリシャール神父はいっていました。そこでルカ第四章四二―四四節にその答えを見出すでしょう。

◆巡回して宣教する

四二　朝になると、イエスは人里離れた所へ出て行かれた。群衆はイエスを捜し回ってそのそばまで来ると、自分たちから離れて行かないようにと、しきりに引き止めた。

四三　しかし、イエスは言われた。「ほかの町にも神の国の福音を告げ知らせなければならない。わたしはそのために遣わされたのだ。」

四四　そして、ユダヤの諸会堂に行って宣教された。

もうお分かりでしょう。四三節において語られているように、キリストは「神の国の福音」について、それを教えるために来たのです。「福音」とはグッドニュースという意味です。ついでですが、「新約」とはキリストによって示された新しい約束という意味で、「旧約」とはキリスト以前になされていた古い約束（救い主が現れる）という意味です。「新しい約束」についてはもっと後で研究します。

神の国とはどのようなところかは、「はじめに」で大雑把に説明しました。この世と比較するともっと分かりやすいでしょう。この世には苦しみがありますが、神の国には完全な幸福があります（マタイ第五章三―一二節）。この世には死がありますが、神の国には永遠の命があります（マタイ第二五章三一―四六節）。もしハワイに完全な幸福と永遠の命があるなら、わたしたちはどんなことをしてでもハワイに行くでしょう。ではどうしたら、そのような国に行くことができるのか、やはりキリストに直接聞きましょう。ヨハネ第一四章一―六節です。これは既に「はじめに」で読んだ箇所です。特に第六節に注目してください。

六　イエスは言われた。「わたしは道であり、真理であり、命である。わたしを通らなければ、だれも父のもとに行くことができない。

「わたし」つまりキリストを通らなければ、だれも神の国には行くことができないとキリストは答えています。なぜならば、キリストは真理（キリストの言葉を信じること）であり、道（キリストの示す愛の道をたどること）であり命（キリストは新しい命を与える）だからです。これを信じているのがキリスト教徒です。キリストの信者でない人びとは、そのようなことは信じていません。しかし、本書によって、「キリスト教徒たちがこれを信じている」ということを知ることは決して無駄ではないと思います。

（三）キリストの資格

問題は、以上のことを教える資格がキリストには本当にあったのでしょうか。「キリストはどこから来たのですか」という問いに対し、先ほど読んだルカ第四章四三節では、「キリストは神の国から遣わされた」と答えています。それを彼はどうやって証明したのでしょうか。彼は本当に神の国から来たのでしょうか。ヨハネ第一一章一―四五節を読んでください。ここでは紙面の都合上、三八―四五節だけを紹介します。

◆イエス、ラザロを生き返らせる

三八　イエスは、再び心に憤りを覚えて、墓に来られた。墓は洞穴で、石でふさがれていた。
三九　イエスが、「その石を取りのけなさい」と言われると、死んだラザロの姉妹マルタが、「主よ、四
日もたっていますから、もうにおいます」と言った。
四〇　イエスは、「もし信じるなら、神の栄光が見られると、言っておいたではないか」と言われた。
四一　人々が石を取りのけると、イエスは天を仰いで言われた。「父よ、わたしの願いを聞き入れてくだ
さって感謝します。
四二　わたしの願いをいつも聞いてくださることを、わたしは知っています。しかし、わたしがこう言う
のは、周りにいる群衆のためです。あなたがわたしをお遣わしになったことを、彼らに信じさせる
ためです。」
四三　こう言ってから、「ラザロ、出て来なさい」と大声で叫ばれた。
四四　すると、死んでいた人が、手と足を布で巻かれたまま出て来た。顔は覆いで包まれていた。イエス
は人々に、「ほどいてやって、行かせなさい」と言われた。

四三節に注目してください。「キリストは神から遣わされたのだ」ということを人びとに信じさせるために、ラザロの復活という奇跡を見せたのです。ここで人びとは何を信じたでしょうか。奇跡を信じたのではなく、キリストの言葉「あなた（神）がわたしをお遣わしになった」を信じたのです。

奇跡は目に見えるものです。しかしよく考えてみてください。すでに目に見えたものを信じるとはいわない

でしょう。信じなくてもそれは現実に目の前にありますから。黄色の鉛筆を見て「私はこの鉛筆を黄色だと信じる」とはいいません。信じるという漢字は実によく出来ています。「人が言う」と書くのです。人の言葉を受取ることが信じることなのでしょう。あの人がいっても信じないが、同じことをこの人がいえば信じる、ということを経験されたことだと思います。人がいってても信じてもらえないが、キリストがいえば信じるようになる、そのように人びとを信じさせるため、キリストは大勢の前で奇跡を見せたのです。

くどいようですが、キリストの目的は奇跡を起こすことではなく、人びとに自分の言葉「私は神から遣わされた」を信じさせることでした。

リシャール神父「私はどこから来たか。ケベックから来た。その身分証明書を見せて信じさせる。キリストは神の国から来た。しかしその証明書を見せなかった。なぜ。神ノ国ニハ紙ガ無カッタ。キリストハ自分自身ヲ証明スルタメ、紙ノ代ワリニ奇跡ヲ見セタ」

今日は、神父のダジャレでおしまいです。次回からしばらくは真理について研究します。

# 第二話　神の外面的構造

キリストは「真理」であり、「道」であり、「命」であるということを既に学びましたので、今日から第一九話まで（Ⅰ）真理について、第二章第二〇話から第二二話までは（Ⅱ）道について、そして最後に第三章二三話から第二七話までは（Ⅲ）命について、順番に学んでいきます。

（一）キリストは何についての真理を教えたのですか。

簡単にいえば次のような順でそれを確認します。

A　神について
B　人間について
C　キリストについて
D　そのおかげで神の国に入る。

もう少し具体的にいえば次のようなるでしょう。

| A　神について | B　人間 | C　キリスト | D　神の国 |
|---|---|---|---|
| 神は人間を創った。人間は罪を犯した。その罰として、苦しみや死がある。 | そのような人間を救うため | キリストが来た。 | キリストのおかげで人間は神の国に入る。 |

ところで、キリストが現れる前に生まれた人、あるいは仏教徒として死んだ人たちは神の国に入れないので

しょうか。この質問にはもう少し後になって答えを探しましょう。必ず答えが見つかります。ある程度勉強した後のほうが、理解し易いからです。これからは次のような順番で神について研究します。

**神の構造**

神について
- （一）本質
  - （a）外面的構造
  - （b）内面的構造
- （二）行い

（二）神の外面的構造

（A）神の本質は、外面的な構造としては「父」という言葉で表現されています。マタイ第六章一―二一節を読んでください。

◆施しをするときには

一　「見てもらおうとして、人の前で善行をしないように注意しなさい。さもないと、あなたがたの天の父のもとで報いをいただけないことになる。

二　だから、あなたは施しをするときには、偽善者たちが人からほめられようと会堂や街角でするように、自分の前でラッパを吹き鳴らしてはならない。はっきりあなたがたに言っておく。彼らは既に報いを受けている。

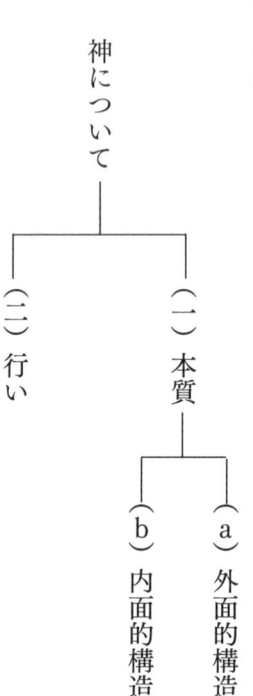

三　施しをするときは、右の手のすることを左の手に知らせてはならない。
四　あなたの施しを人目につかせないためである。そうすれば、隠れたことを見ておられる父が、あなたに報いてくださる。

◆祈るときには

五　「祈るときにも、あなたがたは偽善者のようであってはならない。偽善者たちは、人に見てもらおうと、会堂や大通りの角に立って祈りたがる。はっきり言っておく。彼らは既に報いを受けている。
六　だから、あなたが祈るときは、奥まった自分の部屋に入って戸を閉め、隠れたところにおられるあなたの父に祈りなさい。そうすれば、隠れたことを見ておられるあなたの父が報いてくださる。
七　また、あなたがたが祈るときは、異邦人のようにくどくどと述べてはならない。異邦人は、言葉数が多ければ、聞き入れられると思い込んでいる。
八　彼らのまねをしてはならない。あなたがたの父は、願う前から、あなたがたに必要なものをご存じなのだ。
九　だから、こう祈りなさい。『天におられるわたしたちの父よ、／御名が崇められますように。
一〇　御国が来ますように。御心が行われますように、／天におけるように地の上にも。
一一　わたしたちに必要な糧を今日与えてください。
一二　わたしたちの負い目を赦してください、／わたしたちも自分に負い目のある人を／赦しましたように。
一三　わたしたちを誘惑に遭わせず、／悪い者から救ってください。』
一四　もし人の過ちを赦すなら、あなたがたの天の父もあなたがたの過ちをお赦しになる。
一五　しかし、もし人を赦さないなら、あなたがたの父もあなたがたの過ちをお赦しにならない。」

◆断食するときには

一六　「断食するときには、あなたがたは偽善者のように沈んだ顔つきをしてはならない。偽善者は、断食しているのを人に見てもらおうと、顔を見苦しくする。はっきり言っておく。彼らは既に報いを受けている。

一七　あなたは、断食するとき、頭に油をつけ、顔を洗いなさい。

一八　それは、あなたの断食が人に気づかれず、隠れたところにおられるあなたの父に見ていただくためである。そうすれば、隠れたことを見ておられるあなたの父が報いてくださる。」

◆天に富を積みなさい

一九　「あなたがたは地上に富を積んではならない。そこでは、虫が食ったり、さび付いたりするし、また、盗人が忍び込んで盗み出したりする。

二〇　富は、天に積みなさい。そこでは、虫が食うことも、さび付くこともなく、また、盗人が忍び込むことも盗み出すこともない。

二一　あなたの富のあるところに、あなたの心もあるのだ。」

このように、キリストは聖書の中で「神」という言葉よりも「父」という言葉を使っています。彼はいったい何回「父」という言葉を使ったでしょう。数えてみてください。十回です。なぜでしょうか。当時の人びとは、「神」とはとても恐ろしい存在だと思っていたからです。

「私は自分の父は嫌いだ」と思っている人、リシャール神父は笑いながら次のように答えました。「天ノ父ハアナタノ父ト違ウ。酔ッ払ッタリシナーイ」

それではどのような父でしょうか。マタイ第五章三八—四八節を読んでください。ここでは紙面の都合上、四三—四八節だけを紹介します。

◆敵を愛しなさい
四三　「あなたがたも聞いているとおり、『隣人を愛し、敵を憎め』と命じられている。
四四　しかし、わたしは言っておく。敵を愛し、自分を迫害する者のために祈りなさい。
四五　あなたがたの天の父の子となるためである。父は悪人にも善人にも太陽を昇らせ、正しい者にも正しくない者にも雨を降らせてくださるからである。
四六　自分を愛してくれる人を愛したところで、あなたがたにどんな報いがあろうか。徴税人でも、同じことをしているではないか。
四七　自分の兄弟にだけ挨拶したところで、どんな優れたことをしたことになろうか。異邦人でさえ、同じことをしているではないか。
四八　だから、あなたがたの天の父が完全であられるように、あなたがたも完全な者となりなさい。」

第四八節でいわれているように、「父」とは「完全な父」なのです。どうやらあなたの父とはかなり違うようです。

「敵ヲ愛スルコトハ簡単ダ。身近ニイナイカラ理性デ愛セマス。デモ隣人ヲ愛スルコトハ難シイ。近クニイルノデ、ソノ欠点ガタクサン見エマース」

それでは「完全」とはどのようなことをいうのでしょうか。ルカ第一章二六―三八節を読んでください。

◆イエスの誕生が予告される
二六　六か月目に、天使ガブリエルは、ナザレというガリラヤの町に神から遣わされた。
二七　ダビデ家のヨセフという人のいいなずけであるおとめのところに遣わされたのである。そのおとめの名はマリアといった。
二八　天使は、彼女のところに来て言った。「おめでとう、恵まれた方。主があなたと共におられる。」

二九　マリアはこの言葉に戸惑い、いったいこの挨拶は何のことかと考え込んだ。
三〇　すると、天使は言った。「マリア、恐れることはない。あなたは神から恵みをいただいた。
三一　あなたは身ごもって男の子を産むが、その子をイエスと名付けなさい。
三二　その子は偉大な人になり、いと高き方の子と言われる。神である主は、彼に父ダビデの王座をくださる。
三三　彼は永遠にヤコブの家を治め、その支配は終わることがない。」
三四　マリアは天使に言った。「どうして、そのようなことがありえましょうか。わたしは男の人を知りませんのに。」
三五　天使は答えた。「聖霊があなたに降り、いと高き方の力があなたを包む。だから、生まれる子は聖なる者、神の子と呼ばれる。
三六　あなたの親類のエリサベトも、年をとっているが、男の子を身ごもっている。不妊の女と言われていたのに、もう六か月になっている。
三七　神にできないことは何一つない。」
三八　マリアは言った。「わたしは主のはしためです。お言葉どおり、この身に成りますように。」そこで、天使は去って行った。

三七節に注目してください。神は何でもできるということです。完全とは、言い換えれば「全能」であるということです。次に、ルカ第一二章一—七を読んでください。

◆偽善に気をつけさせる

一　とかくするうちに、数えきれないほどの群衆が集まって来て、足を踏み合うほどになった。イエスは、まず弟子たちに話し始められた。「ファリサイ派の人々のパン種に注意しなさい。それは偽善

二　である。
三　覆われているもので現されないものはなく、隠されているもので知られずに済むものはない。だから、あなたがたが暗闇で言ったことはみな、明るみで聞かれ、奥の間で耳にささやいたことは、屋根の上で言い広められる。」

◆恐るべき者

四　「友人であるあなたがたに言っておく。体を殺しても、その後、それ以上何もできない者どもを恐れてはならない。
五　だれを恐れるべきか、教えよう。それは、殺した後で、地獄に投げ込む権威を持っている方だ。そうだ。言っておくが、この方を恐れなさい。
六　五羽の雀が二アサリオンで売られているではないか。だが、その一羽さえ、神がお忘れになるようなことはない。
七　それどころか、あなたがたの髪の毛までも一本残らず数えられている。恐れるな。あなたがたは、たくさんの雀よりもはるかにまさっている。」

特に二節、三節及び六節と七節に注目してください。「神は何でも知っている」ということをキリストはたとえ話で語っています。完全とは「全知」を意味するのです。最後にルカ第一五章一一—二四節を読んでください。

◆「放蕩息子」のたとえ

一一　また、イエスは言われた。「ある人に息子が二人いた。
一二　弟の方が父親に、『お父さん、わたしが頂くことになっている財産の分け前をください』と言った。それで、父親は財産を二人に分けてやった。

一三　何日もたたないうちに、下の息子は全部を金に換えて、遠い国に旅立ち、そこで放蕩の限りを尽くして、財産を無駄使いしてしまった。
一四　何もかも使い果たしたとき、その地方にひどい飢饉が起こって、彼は食べるにも困り始めた。
一五　それで、その地方に住むある人のところに身を寄せたところ、その人は彼を畑にやって豚の世話をさせた。
一六　彼は豚の食べるいなご豆を食べてでも腹を満たしたかったが、食べ物をくれる人はだれもいなかった。
一七　そこで、彼は我に返って言った。『父のところでは、あんなに大勢の雇い人に、有り余るほどパンがあるのに、わたしはここで飢え死にしそうだ。
一八　ここをたち、父のところに行って言おう。「お父さん、わたしは天に対しても、またお父さんに対しても罪を犯しました。
一九　もう息子と呼ばれる資格はありません。雇い人の一人にしてください」と。』
二〇　そして、彼はそこをたち、父親のもとに行った。ところが、まだ遠く離れていたのに、父親は息子を見つけて、憐れに思い、走り寄って首を抱き、接吻した。
二一　息子は言った。『お父さん、わたしは天に対しても、またお父さんに対しても罪を犯しました。もう息子と呼ばれる資格はありません。』
二二　しかし、父親は僕たちに言った。『急いでいちばん良い服を持って来て、この子に着せ、手に指輪をはめてやり、足に履物を履かせなさい。
二三　それから、肥えた子牛を連れて来て屠りなさい。食べて祝おう。
二四　この息子は、死んでいたのに生き返り、いなくなっていたのに見つかったからだ。』そして、祝宴を始めた。

ここでは、父の愛について語られています。愛についての定義は困難なので、キリストはたとえ話で神の愛を教えます。即ち、「父はわたしたちの罪を赦すほどにわたしたちを愛している」ということを教えたのです。そしてこれこそが最高の愛です。そしてこれが「全愛」と呼ばれています。

最後に、今回の話をまとめてみます。神の本質は、外面的な構造としては「父」という言葉で表現されていました。どんな父か、それは「完全な父」でした。完全とは、「全能」であり、「全知」であり最後に「全愛」であるということが聖書をとおして理解できたのではないでしょうか。それでは、今日はこれで終わりにして、ゆっくり休んでください。

# 第三話　神の内面的構造

## （一）神の内面的構造

第二話では、神の外面的構造を学びました。それは父という言葉で表されていました。ここでは、神の内面的構造について研究します。

まず聖書による説明から始めます。マルコ第一二章二八—三四節を読んでください。

◆最も重要な掟

二八　彼らの議論を聞いていた一人の律法学者が進み出、イエスが立派にお答えになったのを見て、尋ねた。「あらゆる掟のうちで、どれが第一でしょうか。」

二九　イエスはお答えになった。「第一の掟は、これである。『イスラエルよ、聞け、わたしたちの神である主は、唯一の主である。

三〇　心を尽くし、精神を尽くし、思いを尽くし、力を尽くして、あなたの神である主を愛しなさい。』

三一　第二の掟は、これである。『隣人を自分のように愛しなさい。』この二つにまさる掟はほかにない。」

三二　律法学者はイエスに言った。「先生、おっしゃるとおりです。『神は唯一である。ほかに神はない』とおっしゃったのは、本当です。

三三　そして、『心を尽くし、知恵を尽くし、力を尽くして神を愛し、また隣人を自分のように愛する』ということは、どんな焼き尽くす献げ物やいけにえよりも優れています。」

三四　イエスは律法学者が適切な答えをしたのを見て、「あなたは、神の国から遠くない」と言われた。もはや、あえて質問する者はなかった。

二九節に注目しましょう。神は「唯一」であるとキリストはいっています。次にヨハネ第一七章一―三節を読んでください。少し変なことが書かれています。

◆イエスの祈り

一　イエスはこれらのことを話してから、天を仰いで言われた。「父よ、時が来ました。あなたの子があなたの栄光を現すようになるために、子に栄光を与えてください。

二　あなたは子にすべての人を支配する権能をお与えになりました。そのために、子はあなたからゆだねられた人すべてに、永遠の命を与えることができるのです。

三　永遠の命とは、唯一のまことの神であられるあなたと、あなたのお遣わしになったイエス・キリストを知ることです。

唯一の神とその子キリストが出てきます。ここから変な問題が始まります。神は唯一であるのに、神とその子キリストが現れたのです。それでは、神は二ついるのでしょうか。今度はマタイ第二八章一六―二〇節を読んでください。

◆弟子たちを派遣する

一六　さて、十一人の弟子たちはガリラヤに行き、イエスが指示しておかれた山に登った。

一七　そして、イエスに会い、ひれ伏した。しかし、疑う者もいた。

一八　イエスは、近寄って来て言われた。「わたしは天と地の一切の権能を授かっている。

一九　だから、あなたがたは行って、すべての民をわたしの弟子にしなさい。彼らに父と子と聖霊の名によって洗礼を授け、

二〇　あなたがたに命じておいたことをすべて守るように教えなさい。わたしは世の終わりまで、いつもあなたがたと共にいる。」

一九節を読んで驚きませんか。「父と子と聖霊」が出てきました。マタイだけが「父と子と聖霊」という具合に、はっきりと名前を出しています。神は唯一でもなく、二つでもなく、ここでついに三つになってしまいました。この「三つが一体となっている」と解釈しているのがキリスト教なのです。三つあっても一つだと。これが三位一体といわれています。

(二) 三位一体について

教会で司祭は「父と子と聖霊の名によって」洗礼を授けます。この言葉によって、三位一体の命が与えられます。キリストの十字架のおかげで、わたしたちは新しい命である三位一体の命を得ることができるといわれています。これについてはもっと後で研究します。

この三位一体はどのようにわたしたちに示されているでしょうか。やはり聖書をたよりに見てみましょう。マタイ第三章一三―一七節を読んでください。

◆イエス、洗礼を受ける

一三　そのとき、イエスが、ガリラヤからヨルダン川のヨハネのところへ来られた。彼から洗礼を受けるためである。

一四　ところが、ヨハネは、それを思いとどまらせようとして言った。「わたしこそ、あなたから洗礼を受けるべきなのに、あなたが、わたしのところへ来られたのですか。」

一五　しかし、イエスはお答えになった。「今は、止めないでほしい。正しいことをすべて行うのは、我々にふさわしいことです。」そこで、ヨハネはイエスの言われるとおりにした。

一六　イエスは洗礼を受けると、すぐ水の中から上がられた。そのとき、天がイエスに向かって開いた。イエスは、神の霊が鳩のように御自分の上に降って来るのを御覧になった。

一七　そのとき、「これはわたしの愛する子、わたしの心に適う者」と言う声が、天から聞こえた。

三位一体がどのような形で現れたかお分かりでしょうか。一六節に注目してください。「父」は声で、「聖霊」は鳩で、「子」は人間イエスの形で現れ、イエスは洗礼を受けたのです。

(三) 三位一体の機能について

三位一体とはどのような働きをするのでしょうか。まずヨハネ第一四章一五―一七節を読んでみましょう。

◆聖霊を与える約束

一五「あなたがたは、わたしを愛しているならば、わたしの掟を守る。

一六　わたしは父にお願いしよう。父は別の弁護者を遣わして、永遠にあなたがたと一緒にいるようにしてくださる。

一七　この方は、真理の霊である。世は、この霊を見ようとも知ろうともしないので、受け入れることができない。しかし、あなたがたはこの霊を知っている。この霊があなたがたと共におり、これからも、あなたがたの内にいるからである。

ここで語られている三位一体の中の聖霊の働きは、「弁護者」であり、永遠にその弁護者がわたしたちと共にいるということです。次にヨハネ第一四章二五―二六節を読んでください。

二五　わたしは、あなたがたといたときに、これらのことを話した。

二六　しかし、弁護者、すなわち、父がわたしの名によってお遣わしになる聖霊が、あなたがたにすべてのことを教え、わたしが話したことをことごとく思い起こさせてくださる。

「弁護者（聖霊）はわたしたちに全てを教えてくれる」と語られています。キリストは聖霊を遣わすためにこの世に来て、十字架の犠牲を払ったといわれています。聖霊によって、人間はキリストの教えを深く理解するようになります。キリストといつも一緒にいた弟子たちも、聖霊降臨の日までキリストの教えを深くは悟っていなかったのです。まして、わたしたちはなおさらでしょう。

これまでが聖書による三位一体についての解釈でした。次に解釈者による説明を紹介します。

（A）理性の推理によって

三位一体という表現は矛盾しないということは六世紀ごろ解決されたそうです。

例一　三つ葉の葉

三つ葉の葉が一枚あるという表現は言葉において矛盾がありません。これが父と子と聖霊は一つであるという説明です。

例二　太陽

太陽には火・光・熱の三つが同時に存在しますが一つの太陽です。人間には父と子の関係において上下関係がありますが、神には太陽と同じように、父と子と聖霊は同時に存在するのです。

例三　正三角形

どの角度も同じ（すべての角度は六十度）で優劣がありません。即ち、父と子と聖霊の関係において優劣はありません。一つの正三角形と同じ構造をしているという説明です。

（B）霊的な推理によって

①聖トマスの説明では、人間には考える「力」があり、その力で「考え」を作ります。その「考え」が良いものであれば、意志の力でそれを「愛」します。悪い「考え」であればそれを憎みます。

このように「力」から「考え」及び「愛」に至るまでに、人間には時間がかかります。人間は不完全なので、たまには悪い「考え」も浮かびます。しかし神には考える「力」があり、その力で「考え」を作ります。神は善ですのでその「考え」も常に善です。ですから、その「考え」からは常に「愛」が出てきます。神はその「愛」を直ぐに具体化します。神は完全ですから、考えながら直ぐにそれを具体化するのです。時間差がありません。これが聖トマスの説明です。

もう少し具体的にいえば、車が良いものであったら、神は考えると同時に車を創ります。人間は車を作るのに時間がかかります。

②聖アウグスチヌスの体験を紹介します。彼は三位一体について、教会で研究し、それを教えていました。ある時、海岸で一人の子供が砂浜に小さな穴を掘って、バケツで海水をその穴の中に入れようと何度も試みていました。彼が「なぜそのようなことをしているの」と聞くと、子供は「海の水を全部この穴の中に入れるんだ」と答えました。それを聞いた彼は、子供に「そんなことしても、いつまでたっても海の水を全部その穴の中に入れることはできないよ」といいました。するとその子供は「あなたの頭の中に三位一体の理論を全部入れるよりは、僕の方が簡単だ」と答えたそうです。その時から聖アウグスチヌスは三位一体を人間の頭で理解することの限界を悟り、三位一体をそのまま信じたそうです。

### (C)三位一体の結論

動物にはわたしたち人間の構造が分かりません。それと同様に、不完全な人間には完全な神の構造を完全に理解することはできません。だから、キリスト信者たちの根本的な信仰は三位一体を信じることしかないのです。

キリストは神について私たちに教えました。つまり、神は「父・子・聖霊」です。神は唯一であるという教えとは矛盾するようですが、この三位一体をわたしたちは認めなければならないのです。人間の知恵と神の知恵とは異なるからです。最終的にはキリストの言葉をわたしたちは信じるしかありません。これが信仰と呼ばれる所以なのです。

「アウグスチヌスデサエ分カラナカッタノダカラ、私ニ分カルハズハナイ。三位一体ノ研究ナドシナイデ、直グニコレヲ信ジマス、トイウノハ簡単ダ。ケレドモ、ソレハ盲信トイイマス。ワタシタチハ、アウグスチヌスト同ジヨウニ、一生懸命勉強シテ、ソレデモ分カラナイ時、最後ニ、コレヲ信ジマス、トイウベキデス」

理解したら信じるとはいわないでしょう。わたしたちが死んで神の国に入ったら、信仰は無くなります。残るのは愛のみです。

今回はとても難しい話でした。今日はこれでやめにしてゆっくり休んでください。

## 第四話　神の行い（摂理）

まず、これまでの道筋をここで確認します。

神について
- （一）本質（第一話）
  - （a）外面的構造＝父（第二話）
  - （b）内面的構造＝三位一体（第三話）
- （二）行い
  - （a）今の行い＝摂理
  - （b）最初の行い＝創造

以上（一）本質（a）外面的構造、（b）内面的構造、がこれまで学んだ道筋でした。ここでは（二）行い、について学びます。神の行いは次のように二つに分けられます。

（二）行い
- （a）今の行い＝摂理
- （b）最初の行い＝創造

（a）今の行い＝摂理について

第三話はとても難しかったので、今回は今の行い＝摂理について学びます。これは具体的で分かりやすいと思います。マタイ第六章二四―三四節を読んでください。

◆神と富

二四　「だれも、二人の主人に仕えることはできない。一方を憎んで他方を愛するか、一方に親しんで他方を軽んじるか、どちらかである。あなたがたは、神と富とに仕えることはできない。」

◆思い悩むな

二五　「だから、言っておく。自分の命のことで何を食べようか何を飲もうかと、また自分の体のことで何を着ようかと思い悩むな。命は食べ物よりも大切であり、体は衣服よりも大切ではないか。
二六　空の鳥をよく見なさい。種も蒔かず、刈り入れもせず、倉に納めもしない。だが、あなたがたの天の父は鳥を養ってくださる。あなたがたは、鳥よりも価値あるものではないか。
二七　あなたがたのうちだれが、思い悩んだからといって、寿命をわずかでも延ばすことができようか。
二八　なぜ、衣服のことで思い悩むのか。野の花がどのように育つのか、注意して見なさい。働きもせず、紡ぎもしない。
二九　しかし、言っておく。栄華を極めたソロモンでさえ、この花の一つほどにも着飾ってはいなかった。
三〇　今日は生えていて、明日は炉に投げ込まれる野の草でさえ、神はこのように装ってくださる。まして、あなたがたにはなおさらのことではないか、信仰の薄い者たちよ。
三一　だから、『何を食べようか』『何を飲もうか』『何を着ようか』と言って、思い悩むな。
三二　それはみな、異邦人が切に求めているものだ。あなたがたの天の父は、これらのものがみなあなたがたに必要なことをご存じである。
三三　何よりもまず、神の国と神の義を求めなさい。そうすれば、これらのものはみな加えて与えられる。
三四　だから、明日のことまで思い悩むな。明日のことは明日自らが思い悩む。その日の苦労は、その日だけで十分である。」

この箇所は次のように四つの部分にまとめることができます。

(Ⅰ) 神はわたしたちに必要なものを全て与えてくださる（三三節後半）。神は全知（三二節）、全能（二七、二八、二九節）、全善（愛）（二六、三〇節）だからです。

(Ⅱ) それゆえ、わたしたちは日常の生活において心配する必要はありません。二五節、三一節、三四節、と三回も「心配するな」と繰り返しています。

(Ⅲ) 但し、条件付です。
(一) 神の国の義を求めること。三三節前半です。では、どのようにして神の義を求めるのでしょうか。
(二) 神だけに仕えることで、神の義を求めます。二四節です。
つまり、神と人間が協力しなければならないということを教えています。

(Ⅳ) そしてこれら（Ⅰ）、（Ⅱ）、（Ⅲ）はキリストに対する信仰に基づいています。三〇節「信仰の薄い者たちよ」という言葉の意味は、「信仰が薄い人だからいろいろと心配するのです」ということです。

これらの説明には理屈がありません。これに理屈（哲学）を加えると神学になります。トマス・アキナスの神学がそれです。

ところで、神の国の義とは何でしょう。神の国の義と神の義は同じ意味です。そこで再び、神の義とは何でしょうか。ここではまだそれを学ぶには早すぎますが、簡単にいえばキリストの十字架と復活のことです。わたしたちもキリストの十字架と復活に参加しなければならないのですが、これについてはもっと後で学ぶことにします。

このようなすばらしい教えがあるのに、この世には苦しみがあります。それはなぜですか。この世はまだ完全に神の国の支配がなされていないからです。

苦しみは信仰の試練だといわれています。その苦しみで、信仰の深みや高みがわかります。わたしたち全ての人間は罪びとです。まだまだわたしたちは完全ではないからです。わたしたちはこの罪の償いをすることで、十字架に参加します。そして、もう一度同じ罪を犯さないと決心します。これが「いましめ」と呼ばれるものです。再び罪を犯すとさらに苦しむことになります。このような試練をとおして、キリスト信者たちは神の国に入ると信じています。こう考えると、苦しみは神の国の完全な幸福を手に入れる源であるともいえるでしょう。

それでは、どのような精神でこの苦しみに対応したらよいのでしょう。苦しみに対しては、慌てないで、忍耐強く我慢して、冷静に落ち着いて、最後は神の摂理にまかせることです。これが今日の研究の結論です。

ある人は今日の聖書の箇所を読んで、全てを神に任せ、奇跡を待とうとします。しかし、これは神を試すことであり悪なのです。大切なのは信仰の問題です。十二人の使徒たちは殉教するまで神の摂理に身を任せました。十字架の行いは受身の行いではなく、むしろ積極的な行いであり、何もしないという意味ではありません。

病気をすると気が弱くなり、「どうして自分だけがこんなに苦しむのか」と悩むでしょう。確かにこのようなとき、知性は三分の一程度しか働いていません。そのときはもう一度マタイ第六章二四―三四節を読んで勇気を持ってください。あなたの周囲に苦しんでいる人、悩んでいる人がいれば、どうぞこの箇所を読むように勧めてください。

神と人間の協力関係についてはルカ第五章一―七節を読んでください。

◆漁師を弟子にする

一　イエスがゲネサレト湖畔に立っておられると、神の言葉を聞こうとして、群衆がその周りに押し寄せて来た。
二　イエスは、二そうの舟が岸にあるのを御覧になった。漁師たちは、舟から上がって網を洗っていた。
三　そこでイエスは、そのうちの一そうであるシモンの持ち舟に乗り、岸から少し漕ぎ出すようにお頼みになった。そして、腰を下ろして舟から群衆に教え始められた。
四　話し終わったとき、シモンに、「沖に漕ぎ出して網を降ろし、漁をしなさい」と言われた。
五　シモンは、「先生、わたしたちは、夜通し苦労しましたが、何もとれませんでした。しかし、お言葉ですから、網を降ろしてみましょう」と答えた。
六　そして、漁師たちがそのとおりにすると、おびただしい魚がかかり、網が破れそうになった。
七　そこで、もう一そうの舟にいる仲間に合図して、来て手を貸してくれるように頼んだ。彼らは来て、二そうの舟を魚でいっぱいにしたので、舟は沈みそうになった。

漁師はいくら頑張っても、魚を捕ることができませんでした。しかし、最後にキリストは彼らに手を貸します。人間が百%働き、神が百%働くことで、このような結果が生じるのです。苦しみにおいても、神と人間は協力しなければならないということが大切です。

この協力関係については昔、イエズス会とドミニコ会との間で論争があったそうです。イエズス会の理論は、神は五十%働き、人間も五十%働くことで、百%の結果が得られるというものです。ドミニコ会の理論は、神は百%働く、人間も百%働くことで、百%の結果が得られるというものです。

鉛筆（人間）が五十%、人間（神）が五十%で働くのではありません。それでは字が書けません。鉛筆（人間）が百%、人間（神）が百%と、共に協力するから字が書けるのです。

神だけが百%働き、人間は何もしなくてよいと考える人がいるとすれば、それはだめです。何もしないで、心配もしないで寝ているだけではだめです。わたしたちは神と共に働かなければなりません。

全知である神は、人それぞれの能力をご存じです。その人の能力に応じて、それなりの試練を与えます。神はあなたが乗り越えられないような試練をあなたに与えることは絶対にありません。ですから百%頑張ってください。今引用した聖書の箇所のように、最後には神が必ず助けてくださいます。

苦しみや悲しみ、災いなどはこの世にあります。仕方ありません。しかし絶望に陥らないでください。祈りの中に「・・・してください。　・・・してください」と神に祈るのは神を試みているのではないかと思います。神はわたしたちが必要なもの全てを知っているのですから。それよりも「神は・・・してくださる」というべきでしょう。

「・・・してください、と祈ることは悪いことですか。神を試みることになるのですか」

ブロー神父「いや、そうではありません。・・・してくださいと祈っているうちに、自分の願いが正しいものか、そうでないかが分かってきます。自分で分かります。だから何でも祈ってみてください」

わたしたちは完全ではありません。だから、完全に神と協力して働いているとはいえません。そこに苦しみがあるのでしょう。しかしこれは仕方ないことです。これは悪魔が働いているからです。神は悪魔に対してさえ、その自由を奪ってはいないのです。

神はわたしたちに善を行なう自由を与えましたが、悪を行なう自由は与えていません。もし、私たちが悪を行なうとすれば、それは悪魔の働きによるものです。もし神がわたしたちに善と悪を選ぶ自由を与えたとするなら、それは神ではありません。なぜなら、神は完全な善であり、悪は存在していないのです。

動物には善を行なう自由は与えられていません。彼らは本能で善を行っています。摂理があるのにこの世では今も悪魔が働いています。なぜなら、神の国はまだ完成していないからです。ヨハネ第三章一六節を読んで、今日は安心して休んでください。

一六　神は、その独り子をお与えになったほどに、世を愛された。独り子を信じる者が一人も滅びないで、永遠の命を得るためである。

# 第五話　最初の行い（創造）

（一）神の最初の行い＝創造

ここでは第四話の図に示された（b）最初の行い、について研究します。神の最初の行いは創造と呼ばれます。創造については旧約聖書に二つの物語があります。

（A）創世記第一章一節―第二章三節　人間と神の関係について

（B）創世記第二章四節―第三章二四節　人間とこの世の関係について

（A）神は天地万物を創るのに無から始めました。創世記第一章一―二節です。

◆天地の創造

一　初めに、神は天地を創造された。

二　地は混沌であって、闇が深淵の面にあり、神の霊が水の面を動いていた。

「初めに」という言葉はとても重要な意味を持っています。つまり、その前は何も無かったということなのです。しかし、私たちの理性では、これは理解できません。

「創造」という言葉は無から有を生み出すという意味で用いられます。人間は無から有を作り出すことはできません。人間ができるのは有から有を作り出すことだけです。

「地は混沌で」という表現は、「地は無であった」と解釈されています。紙面の都合上、創世記の第一章から第二章の全部を引用できませんが、どうぞ、みなさんはこれらの箇所を読んでみてください。ここでは部分的な引用に止めます。

質問一　「人間の創り方はどこに書いてありますか」
答　「創世記第一章二六―二七節を読んでください」
二六　神は言われた。「我々にかたどり、我々に似せて、人を造ろう。そして海の魚、空の鳥、家畜、地の獣、地を這うものすべてを支配させよう。」
二七　神は御自分にかたどって人を創造された。神にかたどって創造された。男と女に創造された。
答　「もう一箇所あります。創世記第二章七節です」
七　主なる神は、土（アダマ）の塵で人（アダム）を形づくり、その鼻に命の息を吹き入れられた。人はこうして生きる者となった。

神は無から人間を創りました。その意味で、人間の体は進化の結果であるともいえるでしょう。しかし霊魂はどのようにして創ったのか、霊魂に何か材料を使ったのでしょうか。七節で「息」という言葉を見てもわかるように、神は直接霊魂を人間に与えたようです。

これらのことから、人間は神に似ているといえます。動植物には霊魂がありませんが、人間はその霊魂と知恵とによって、神に似ているのです。そして神はその人間にこの世の支配を任せました（創世記第一章二六節）。

（二）科学者たちの進化論とカトリック教会の進化論

多くの科学者たちは進化論を支持しますが、創世記においても進化論は語られています。即ち、神は初め無生物から創り始めました（創世記第一章三―一〇節）。次に植物（創世記第一章一一―一三節）を、次に動物（創世記第一章一三―二五節）を、次に人間（創世記第一章二六―第二章三節）を、という順番です。

進化論者の唱える説に従って、自然界や人間が存在するに至った過程を説明しようとするならば、それと同時に、神の力や人間の霊魂をも正しく認めなければなりません。例えば、鉱物が植物に進化するとか、あるいは植物が動物に進化するというようなことがあるとしても、それは「決して偶然に行われるのではなく、神の力によって行われている」とカトリック教会は解釈しています。

また、人間がある種の動物から進化するようなことがあり得るかどうかについて考える場合、その考えは人間の体だけに限るべきでしょう。人間の体は動物の体から進化する可能性があるとしても、人間の霊魂が動物から進化するのは全く不可能なことだからです。人間の体は動物と同じ材料でできているので、体だけは動物から進化すると考えられるかもしれませんが、人間の霊魂は動物と全く異なり、神と同じような霊的命を持っています。霊魂は直接神から与えられた（創世記第二章七節）ことを認めなければなりません。

「私ハ動物園ノ猿ヲ見テ、アア、ゴ先祖様、ト敬ウコトハデキマセーン」

神は自然界を人間の住むところとして創造しました。神は人間を自分にかたどって、自分の子供として創りました。わたしたちは自分の人間としての価値を理解するため、この事実をたびたび思い出すことは非常に大切なことです。

進化論者の考え方とカトリック教会の考え方をまとめてみると次のようになるでしょう。

進化論者とカトリック教会の共通点と相違点

| | **進化論者** | **カトリック教会** |
|---|---|---|
| **共通点** | 物質において認める | 物質において認める |
| **相違点** | 過程においては偶然による。<br>霊魂については不明 | 過程においては神の力が働く。<br>霊魂は進化しない |

質問二　「人間はどのような構造をしていますか」

答　「創世記第二章七節の後半を読んでください」

七　（後半）　その鼻に命の息を吹き入れられた。人はこうして生きる者となった。

質問三　「そのような人間の権利と義務についてはどう書かれていますか」

答　「権利について、まず創世記第一章二六節を読んでください」

二六　神は言われた。「我々にかたどり、我々に似せて、人を造ろう。そして海の魚、空の鳥、家畜、地の獣、地を這うものすべてを支配させよう。」

「すべてを支配する」権利が神から人間に与えられたのです。それでは義務について、創世記第一章二八節を読んでください。

二八　神は彼らを祝福して言われた。「産めよ、増えよ、地に満ちて地を従わせよ。海の魚、空の鳥、地の上を這う生き物をすべて支配せよ。

「産めよ、増えよ」という義務を人間は神から負わされました。わたしたちは権利という言葉を使うとき、その直ぐ傍には義務という言葉を入れなければなりません。わたしたちは「権利」を果たす「義務」があり、「義務」を果たす「権利」があるからです。聖書によれば、人間にはこの世を治める「義務」と「権利」があります。

神は人間を直接創りました。今度は人間が自分で増える義務が（「産めよ、増えよ」）あります。この「義務」を果たすため、神は人間にその「権利」を与えたのです。これが人間の治める「権利」です。最後に創世記第二章一―三節を読んでください。

一　天地万物は完成された。
二　第七の日に、神は御自分の仕事を完成され、第七の日に、神は御自分の仕事を離れ、安息なさった。
三　この日に神はすべての創造の仕事を離れ、安息なさったので、第七の日を神は祝福し、聖別された。

七日目に神は休みました。人間は疲れるので七日目に休みます。神は疲れませんが、人間に教訓を与えるため七日目に休みました。当時の奴隷たちは一日も休むことなく働かされていました。彼らを休ませる意味と、神について黙想することを勧めるため、このことが書かれています。この言葉に従って、私たちも今から日曜日にはゆっくり休もうではありませんか。　そして今日はこれでおしまいにしましょう。次回は人間について研究します。

想定外の質問

創世記第一章二六節
神は言われた。「我々にかたどり、我々に似せて、人を造ろう。そして海の魚、空の鳥、家畜、地の獣、地を這うものすべてを支配させよう。」

問「神は唯一だということを学びましたが、ここで神は『我々』といっています。神は複数ではありませんか」
答「複数の意味として、三位一体論を根拠にすることはできません。旧約聖書が書かれた時代、まだ、三位一体論は存在しませんでした」
問「それでは、この『我々』をどう解釈したいいのですか」
答「自分で探してみてください。案外簡単に見つかるかもしれませんよ。例えば英和辞典でweを見るとか」

# 第六話　人間とは

わたしたちはこれまで、どのような道筋でキリスト教を学んできたのか、これからわたしたちはどこへ進もうとしているのか、ここでもう一度、第二話の冒頭を思いだしてください。そこでは、次のような道筋が示されていました。

質問　キリストは何についての真理を教えたのですか。

簡単に言えば次のような順でそれを確認します。

A　神について
B　人間について
C　キリストについて
D　そのおかげで神の国に入る。

第五話まで、「A　神について」学びました。今日からしばらくは「B　人間について」研究します。具体的には人間について、人間の宗教的な歴史について研究します。その道筋は次の通りです。

（一）聖書による最初の状態
（二）罪が入った
（三）今の状態
（四）救い主を送る約束（第七話で）

くださ い。

人間の最初の状態は、聖書ではどのようにかかれているのでしょうか。創世記第二章一五―二五節を読んでください。

(一) 聖書による最初の状態

一五　主なる神は人を連れて来て、エデンの園に住まわせ、人がそこを耕し、守るようにされた。
一六　主なる神は人に命じて言われた。「園のすべての木から取って食べなさい。
一七　ただし、善悪の知識の木からは、決して食べてはならない。食べると必ず死んでしまう。」
一八　主なる神は言われた。「人が独りでいるのは良くない。彼に合う助ける者を造ろう。」
一九　主なる神は、野のあらゆる獣、空のあらゆる鳥を土で形づくり、人のところへ持って来て、人がそれぞれをどう呼ぶか見ておられた。人が呼ぶと、それはすべて、生き物の名となった。
二〇　人はあらゆる家畜、空の鳥、野のあらゆる獣に名を付けたが、自分に合う助ける者は見つけることができなかった。
二一　主なる神はそこで、人を深い眠りに落とされた。人が眠り込むと、あばら骨の一部を抜き取り、その跡を肉でふさがれた。
二二　そして、人から抜き取ったあばら骨で女を造り上げられた。主なる神が彼女を人のところへ連れて来られると、
二三　人は言った。「ついに、これこそ／わたしの骨の骨／わたしの肉の肉。これをこそ、女（イシャー）と呼ぼう／まさに、男（イシュ）から取られたものだから。」
二四　こういうわけで、男は父母を離れて女と結ばれ、二人は一体となる。
二五　人と妻は二人とも裸であったが、恥ずかしがりはしなかった。

これが聖書による人間の最初の状態です。これを簡単にまとめてみると次のようになるでしょう。

（a）死なない　一七節後半
（b）エデンの園で苦しみがない　一五節
（c）男も女も平等　二四、二五節

それでは、（三）「今の人間の状態」は聖書ではどのように書かれていますか。創世記第三章七―二四節を読んでください。

七　二人の目は開け、自分たちが裸であることを知り、二人はいちじくの葉をつづり合わせ、腰を覆うものとした。
八　その日、風の吹くころ、主なる神が園の中を歩く音が聞こえてきた。アダムと女が、主なる神の顔を避けて、園の木の間に隠れると、
九　主なる神はアダムを呼ばれた。「どこにいるのか。」
一〇　彼は答えた。「あなたの足音が園の中に聞こえたので、恐ろしくなり、隠れております。わたしは裸ですから。」
一一　神は言われた。「お前が裸であることを誰が告げたのか。取って食べるなと命じた木から食べたのか。」
一二　アダムは答えた。「あなたがわたしと共にいるようにしてくださった女が、木から取って与えたので、食べました。」
一三　主なる神は女に向かって言われた。「何ということをしたのか。」女は答えた。「蛇がだましたので、食べてしまいました。」
一四　主なる神は、蛇に向かって言われた。「このようなことをしたお前は／あらゆる家畜、あらゆる野の獣の中で／呪われるものとなった。お前は、生涯這いまわり、塵を食らう。

一五　お前と女、お前の子孫と女の子孫の間に／わたしは敵意を置く。彼はお前の頭を砕き／お前は彼のかかとを砕く。」
一六　神は女に向かって言われた。「お前のはらみの苦しみを大きなものにする。お前は、苦しんで子を産む。お前は男を求め／彼はお前を支配する。」
一七　神はアダムに向かって言われた。「お前は女の声に従い／取って食べるなと命じた木から食べた。お前のゆえに、土は呪われるものとなった。お前は、生涯食べ物を得ようと苦しむ。
一八　お前に対して／土は茨とあざみを生えいでさせる／野の草を食べようとするお前に。
一九　お前は顔に汗を流してパンを得る／土に返るときまで。お前がそこから取られた土に。塵にすぎないお前は塵に返る。」
二〇　アダムは女をエバ（命）と名付けた。彼女がすべて命あるものの母となったからである。
二一　主なる神は、アダムと女に皮の衣を作って着せられた。
二二　主なる神は言われた。「人は我々の一人のように、善悪を知る者となった。今は、手を伸ばして命の木からも取って食べ、永遠に生きる者となるおそれがある。」
二三　主なる神は、彼をエデンの園から追い出し、彼に、自分がそこから取られた土を耕させることにされた。
二四　こうしてアダムを追放し、命の木に至る道を守るために、エデンの園の東にケルビムと、きらめく剣の炎を置かれた。

この箇所は次のように分類できます。
（a）死ぬ　一九節
（b）苦しみがある　一六—一七節

（c）社会的不平等がある　一六節後半
（d）無知となった（善悪を知る）　二二節
（e）悪をする傾向を持つ（神から隠れる）　七―一〇節

これが「今の人間の状態」です。ここでは最初の人間の状態とは反対の状態が書かれています。特に（d）と（e）が新たに加わっています。ということは、人間の最初の状態では（d）と（e）は無かったのです。なぜこのような悲惨な状態になったのでしょうか。それは「（二）罪が入った」からだといわれています。

（二）罪が入った

創世記第三章一―一六節を読んでください。

◆蛇の誘惑

一　主なる神が造られた野の生き物のうちで、最も賢いのは蛇であった。蛇は女に言った。「園のどの木からも食べてはいけない、などと神は言われたのか。」
二　女は蛇に答えた。「わたしたちは園の木の果実を食べてもよいのです。
三　でも、園の中央に生えている木の果実だけは、食べてはいけない、触れてもいけない、死んではいけないから、と神様はおっしゃいました。」
四　蛇は女に言った。「決して死ぬことはない。
五　それを食べると、目が開け、神のように善悪を知るものとなることを神はご存じなのだ。」
六　女が見ると、その木はいかにもおいしそうで、目を引き付け、賢くなるように唆していた。女は実を取って食べ、一緒にいた男にも渡したので、彼も食べた。
七　二人の目は開け、自分たちが裸であることを知り、二人はいちじくの葉をつづり合わせ、腰を覆うものとした。
八　その日、風の吹くころ、主なる神が園の中を歩く音が聞こえてきた。アダムと女が、主なる神の顔を避けて、園の木の間に隠れると、
九　主なる神はアダムを呼ばれた。「どこにいるのか。」
一〇　彼は答えた。「あなたの足音が園の中に聞こえたので、恐ろしくなり、隠れております。わたしは裸ですから。」
一一　神は言われた。「お前が裸であることを誰が告げたのか。取って食べるなと命じた木から食べたのか。」
一二　アダムは答えた。「あなたがわたしと共にいるようにしてくださった女が、木から取って与えたので、食べました。」
一三　主なる神は女に向かって言われた。「何ということをしたのか。」女は答えた。「蛇がだましたので、食べてしまいました。」
一四　主なる神は、蛇に向かって言われた。「このようなことをしたお前は／あらゆる家畜、あらゆる野の獣の中で／呪われるものとなった。お前は、生涯這いまわり、塵を食らう。
一五　お前と女、お前の子孫と女の子孫の間に／わたしは敵意を置く。彼はお前の頭を砕き／お前は彼のかかとを砕く。」
一六　神は女に向かって言われた。「お前のはらみの苦しみを大きなものにする。お前は、苦しんで子を産む。お前は男を求め／彼はお前を支配する。」

そこでキリスト教における罪とは、次のように分類されます。
(Ⅰ)悪魔の誘惑に負けたこと、だまされたこと　四節
(Ⅱ)神の命令に従わなかったこと　三節

（Ⅲ）禁じられた実を盗んだこと　六節
（Ⅳ）神と同じようになりたくなったこと　五節

この中でも一番重大な罪とは、「（Ⅳ）神と同じようになりたくなったこと」です。これまで研究したことを覚えていますか。神は唯一でした。そこに人間が神と同じになることで、神は唯一ではなくなるのです。人間は「もう一つの神になりたい」と思った、そしてそのために行動した、つまり（Ⅰ）、（Ⅱ）、（Ⅲ）を行ったのです。人間は悪魔を神よりも大切に扱ったのです。これが最も重大な罪だといわれています。

ところで、「（d）無知となった（善悪を知る）」創世記三章二二節「人は我々の一人のように、善悪を知る者となった」について、少し分かりにくいと思われますので、ここで簡単に解説します。最初は、人間には百％の善しかありませんでした。しかし「善悪を知る」とは、たとえば、善が六十％で悪が四十％となり、善を六十％しか知らなくなった、だから無知になったということです。さらに「知る」ということは、「知って行う」ことです。そのため、「善悪を知る」とは、善も行うが悪も行なうという意味に解釈されます。

疲れました。今日はこれで一息入れて眠りましょう。眠っているとき、人は罪を犯さないそうです。そういえば眠っている人の顔はすばらしいですね。特に我が子たちの寝顔は。天使を見たことはありませんが、これがまさに天使なのかと思わせます。

# 第七話　幸いなる罪（felix culpa）幸いなる過失よ、幸いなるかなアダムの罪よ

今日は、人間についての最後の話です。今日の研究が正しいかどうかは、私には分かりませんが、それでもこの書を読んでくださっている読者には、やはり紹介したいと思います。

宗教とは神と人間との関係を意味します。次の図は、神と人間の宗教的歴史を簡単に書いたものです。

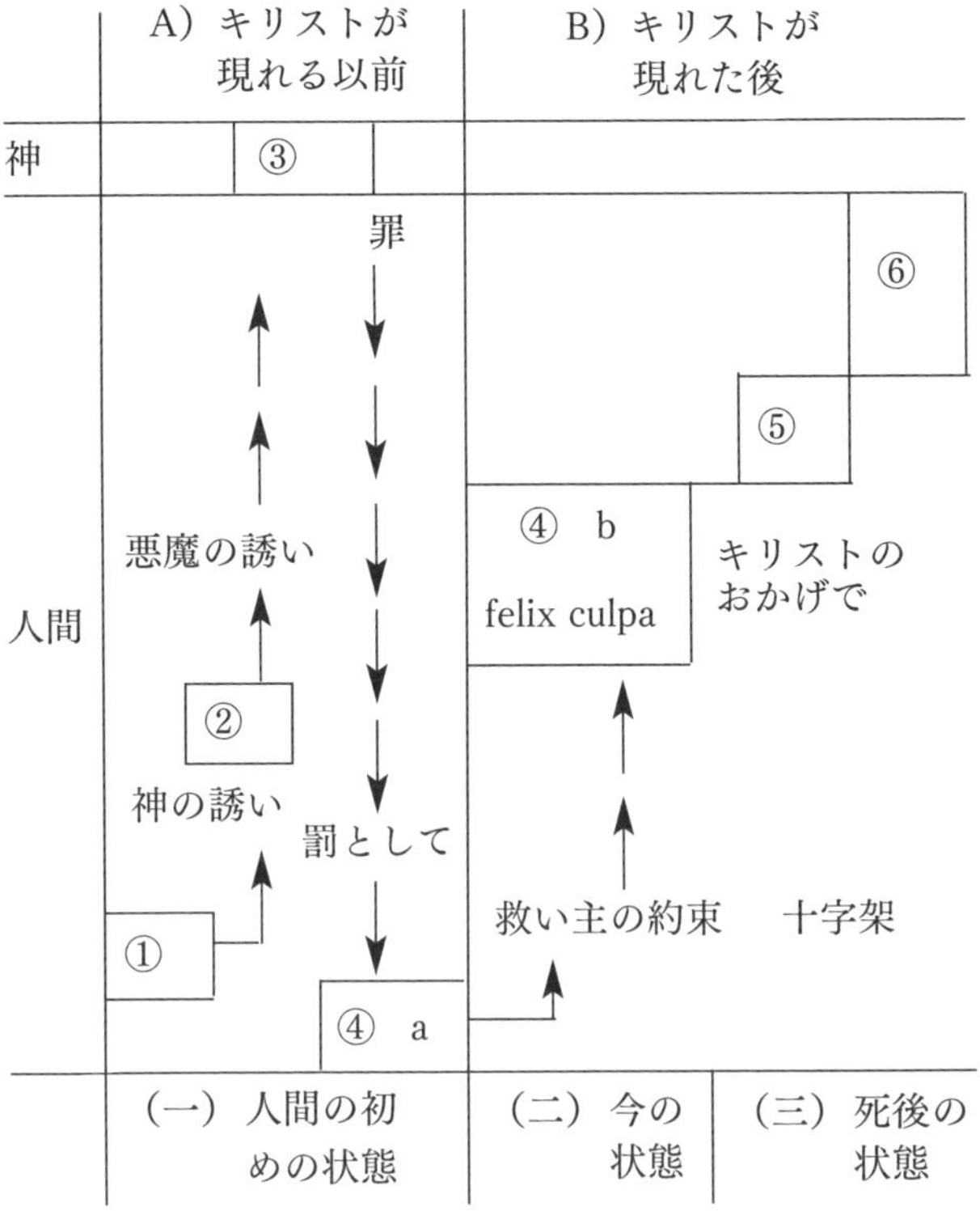


この図の説明をします。①は人間の最初の状態、つまり自然の生命、自然の状態、罪なしで進歩する状態です。

①人間の最初の状態
・罪の無い状態
・体と霊魂を持つ（アダムとエバ、洗礼者ヨハネ、キリスト）
・体と霊魂は成長する
・体は成長して最後は死ぬ（自然の状態だから）

死ぬことに関してはシラ書（集会の書）第一七章一―三二節を読んでください。ここでは紙面の関係上、一一節だけを紹介します。

一一　主は、彼らに知識を授け、／命をもたらす律法を受け継がせられた。［今のままでは、死すべき者であることを、／彼らが悟るために。］

体と霊魂の成長にかんしては、ルカ第二章五二節に記されています。

五二　イエスは知恵が増し、背丈も伸び、神と人とに愛された。

このような人間の状態にたいして、神からの誘いがありました。但し、条件付です。その条件とは、創世記第二章一六―一七節に記されています。

一六　主なる神は人に命じて言われた。「園のすべての木から取って食べなさい。
一七　ただし、善悪の知識の木からは、決して食べてはならない。食べると必ず死んでしまう。」

神からの誘いとは、もうお分かりでしょう。「善悪の知識の木の果実を食べなければ人間は死なないから、食べてはいけないよ」というものです。この誘いは自然以上の状態（死ぬ状態から死なない状態）へと人間を引き上げようとするものでした。

②が自然以上の状態、つまり自然以上の生命、永遠の生命といえるでしょう。それは今の世とは全く反対の状態です。つまり、

②自然以上の状態
・死なない
・苦しまない
・無知がない
・悪を行なう傾向がない
・不平等が無い

旧約聖書の創世記は、この②の状態に人間を誘っていることから始まっています。神はこの②の状態に人間を誘ったのです。但し、神は条件を付けました。「木の実を食べるな。食べると必ず死んでしまう」

そのような訳で、②の状態は「食べなければ死なない」という状態ともいえるでしょう。ところで、この聖書の箇所で「死」という言葉が使用されています。そのことから、今の状態（旧約聖書に書かれている創世記）は①であるということが、理性の判断で解釈できます。

そこに悪魔の誘いがあります。それも条件付です。その条件とは、「神に従わない、つまり木の実を食べる」という条件です。そうすることで、人間は③の状態、即ち、「神になれる」という悪魔の誘いです。そのとき、人間はまだ①の状態です。①の状態では、悪を行なう傾向があります。そこで、人間は悪魔の誘いに乗ってしまったのです。人間が②の状態であれば、アダムは悪を行なう傾向がなく、死ぬことはなかったでしょう。神は

人間に善を行なう自由を与えましたが、悪を行なう自由は与えませんでした。しかし、人間はその自由を悪く使ったのです。

③では、今いる神と人間がなろうとする神、という二つの神が存在することになります。神は唯一ですから、そうなると今いる神を覆すことになります。これは大きな罪です。そこで、その罰として、人間は③に入ることなく、④の（a）に落とされたのです。①よりも下になりました。

罪とは、真理、道、命において神を覆そうとすること、つまり、真理、道、命を拒否することです。具体的には、

・真理において、神を無視すること。
・道において、神の掟を守らない（愛さない）こと。
・命において、神からもらった命をいらないということ。

木の実を食べるという行為そのものは罪ではありません。むしろ何のためにそれを行うかが問題です。罪の本質は行為の意図の中にあります。人間が神になりたいと望んだところに罪があるのです。

その結果、④（a）の状態に落とされました。

④（a）今の状態
・死ぬ
・苦しむ

・無知がある
・悪を行なう傾向がある
・不平等がある

しかし神は、罰すると同時に直ぐに、しかもその場で人間にたいして救い主を送る約束をします。創世記第三章一五節をゆっくり読んでください。この箇所では神の愛が語られています。本当にそうでしょうか。

一五　お前と女、お前の子孫と女の子孫の間に／わたしは敵意を置く。彼はお前の頭を砕き／お前は彼のかかとを砕く。」

これだけでは、どこに神の愛が語られているのか、全く分かりません。そこで、蛇である「お前」を悪魔に、「お前（蛇）の子孫」を悪魔に、「女」をマリアに「女（マリア）の子孫」をキリストに置き換えてみます。すると次のように読むことが可能となります。

悪魔とマリア、悪魔とキリストとの間に、神は敵対関係を置く。キリストは悪魔の頭を砕くが悪魔はキリストのかかとしか砕くことはない。

キリストは十字架に架けられるとき、足に釘を打たれました。これが「かかとを砕く」の意味になります。しかしキリストは死から復活することで悪に打ち勝ったのです。これが「彼はお前の頭を砕く」の意味になります。

かかとを砕かれた程度では死にませんが、頭を砕くと致命傷になりますね。これこそが、神が救い主を人間に送ると約束した箇所です。納得されたでしょうか。神は人間を罰すると同時に、直ぐさま人間を救う約束をしたのです。

以上が図の一番下の（一）人間の初めの状態です。ところがキリストの十字架のおかげで、（二）今の状態となります。今の状態は④（b）です。ここが「幸いなるかなアダムの罪よ」といわれます。④（b）は現存するカトリック教会です。ここは永遠の命、完全な幸福の命、神の子になって神の命をもらうことのできるカトリック教会です。キリストはもう私たちの目には見えませんが、カトリック教会が目に見えるキリストそのものです。

図の一番下の（三）死んだ後の状態の説明に移ります。そこにある⑤は④の次の状態を表しています。人間は死んでから直ぐに霊魂だけで神を見るそうです。その次に⑥に移行します。⑥は世の終わりを意味します。世の終わりにはキリストが現れ、人間は体と霊魂で神を見ます。しかしここでも神になるわけではありません。絶対に。

①の状態の補足をここで少し行います。アダムとエバは罪なしで生まれたので無原罪、キリストも洗礼者ヨハネも無原罪とされています。彼らは霊的に進歩し、体で死にました。キリストは体で死んでも復活し天に昇りました。これらのことを考えると①の状態は当然推測できるでしょう。聖母マリアについては、死んで復活したかどうか分かりませんが、カトリック信者は「聖母マリアは自分の体を持ったまま天に昇った」と堅く信じています。

そろそろまとめに入ります。最初に神は人間を①から②の状態に誘いました。ところがアダムの犯した罪のおかげで、人間は最終的に②よりも上の状態④、⑤、⑥に招かれることになったのです。これが「幸いなる罪」の意味です。これに似た例があります。それは放蕩息子のたとえ話です。放蕩息子は家出をして帰って来たとき、前よりも良い状態になりました。

これで人間については終わりです。今日は本当に疲れたでしょう。中身が実に濃いものとなってしまいました。リシャール神父の口癖を紹介します。「サア、ビールデモ飲ミニ行キマセンカ、ドウカ」最後の「・・・カ、ドウカ」が実におかしかった。これはフランス語のsi、英語のifにあたりますが、どういう訳か彼はこのsiを日本語に直訳して、最後に「カ、ドウカ」を付け加えるのです。私も真似して「みなさん、そろそろ休みませんか、どうか。」

## 第八話　キリストの神性

人間についての研究は終わり、今日からしばらくはキリストについて学びます。第二話のプランを思い出してください。

（一）キリストは何についての真理を教えたのですか。

簡単に言えば次のような順でそれを確認します。

A　神について
B　人間について
C　キリストについて
D　そのおかげで神の国に入る。

今日からはこのプランのC「キリストについて」です。Cについての道筋を簡単にお示しします。

（一）二千年前のキリストは個人として現れた
- （a）救い主として
  - ①神性があった
  - ②人性があった
- （b）人間を救った
  - ③人性において（十字架で）
  - ④神性において（復活で）

（二）キリストは教会として今も生きている

- （a）重要な課題
  - ⑤教会＝キリスト
  - ⑥、⑦、⑧教会＝キリストの行い（ミサ）
- （b）第二の課題
  - ⑨教会の創立
  - ⑩教会の働き、活動
  - ⑪教会の唯一性
  - ⑫教会の必要性

（一）キリストの神性と人性について

①と②を見て下さい。キリストは救い主としてなぜ神性と人性が同時に必要だったのでしょうか。これから三つの例を示して、そのことを証明します。

例一

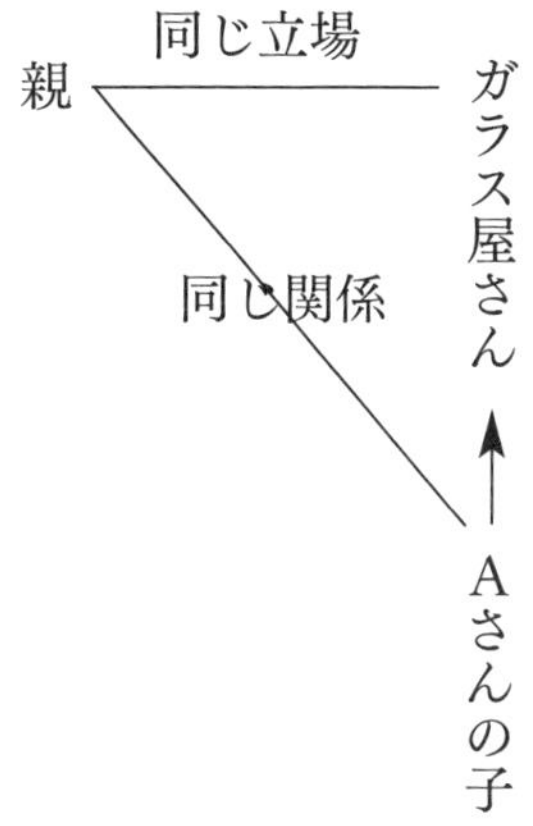


Aさんの子供がいたずらをして、ガラス屋さんのガラスを割ってしまいました。子供にはお金が無くて弁償できません。誰がガラス屋さんに弁償しますか。子供の代わりに弁償できるのは、その子の親であるAさんです。つまり、ガラス屋さんと同じ大人であること（同じ立場）、なおかつ、被害を与えたその子供の親（同じ関係）である必要があります。その子に関係の無いBさんではだめです。

例二

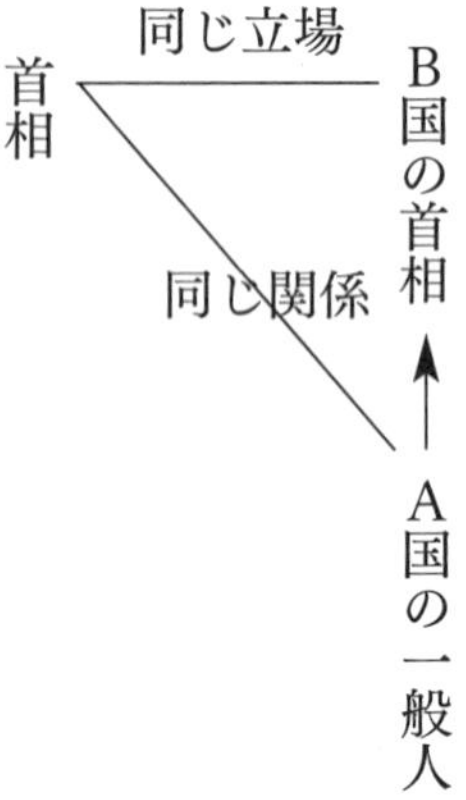


例三

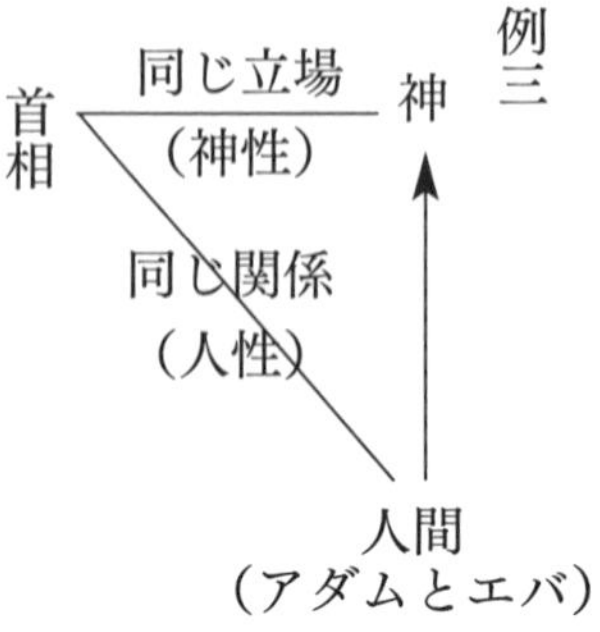


あるA国の一般人がピストルでB国の首相を撃ってその首相を傷つけてしまいました。誰がこのことを謝罪すべきでしょうか。A国の一般人が謝罪してもまだまだ不十分でしょう。C国の人が謝罪したりしません。そうです、まずA国に属している人（同じ関係）で、かつB国の首相と同等の地位にある人（同じ立場）でなければならないでしょう。つまりA国の首相が謝罪するのです。もうそろそろお分かりだと思いますが、最後に救い主について説明します。

人間は神に対して罪を犯しました。この罪を贖うことができるのは必ず神と同じ地位（神性）を持っていなければその資格はありません。しかしそれだけではまだまだ不十分です。罪を犯したのが人間ですから、人間と同じ関係（人性）をも併せ持っていなければならないのです。つまり神性と人性を両方持っている者が神に謝罪しなければなりません。そのような訳で、救い主は神性と人性を同時に持たなければならなかったのです。

「アダムとエバが神に対して犯した罪をなぜ今の人間までもが、それも死ぬまでの罰を受けるなんて、わたしたちはそのようなことをしていません。これは不公平だ」と思われるかもしれません。首相を叩くことと普通の人を叩くことにおいて、叩くという行為は法的には同じでも、その相手は全く異なります。このように、罪の大きさは被害を受けた側によって異なります。

百万円盗むのと千円盗むのとどちらが罪は重いでしょうか。あなたはきっとまじめに考えて、「盗むという行為において、金額の多少には関係ない、どちらも同じ重さの罪だ」と答えを出すでしょう。私もリシャール神父からこの質問をされた時「同じ重さの罪だ」と答えました。すると彼はそのとき、笑いながら次のような質問を加えたのです。「一日に千円でようやく五人家族を支えている人から千円盗んだ場合と、毎日一千万円の収入がある大金持ちから百万円盗むのと、どちらが罪は重いでしょう」

「ううう、この場合はやはり千円のほうです。参りました」

「ソウデス。コノヨウニ罪ノ重サハ行為デハナク、被害ヲ受ケタ側ニヨルノデス」

人間は神に対する罪を自分自身で購うことはできません。先ほどの例一、例二のように。神性に対して犯した罪は無限ですから、有限な人間が自分で無限の罪を償うことはできないのです。それでは誰がその罪を償うのですか。例三のように神性と人性を両方兼ね備えた者だけがそれを可能にするのです。しかしキリストにはそれがあったのですか。それがあれば、キリストは救い主なのですが。

(二) キリストの神性について

先ほどお示しした図（一）「二千年前のキリストは個人として現れた。(a) 救い主として、①神性があった」について、それが本当かどうか詳しく探ります。わたしたちは理性の推理によっては、キリストに神性があったかどうか分かりません。しかしそれは聖書によって知ることができます。

(a) キリスト自身による宣言

ヨハネ第一〇章二二―三九節を読んでください。

◆ユダヤ人、イエスを拒絶する

二二　そのころ、エルサレムで神殿奉献記念祭が行われた。冬であった。
二三　イエスは、神殿の境内でソロモンの回廊を歩いておられた。
二四　すると、ユダヤ人たちがイエスを取り囲んで言った。「いつまで、わたしたちに気をもませるのか。もしメシアなら、はっきりそう言いなさい。」
二五　イエスは答えられた。「わたしは言ったが、あなたたちは信じない。わたしが父の名によって行う業が、わたしについて証しをしている。
二六　しかし、あなたたちは信じない。わたしの羊ではないからである。
二七　わたしの羊はわたしの声を聞き分ける。わたしは彼らを知っており、彼らはわたしに従う。
二八　わたしは彼らに永遠の命を与える。彼らは決して滅びず、だれも彼らをわたしの手から奪うことはできない。
二九　わたしの父がわたしにくださったものは、すべてのものより偉大であり、だれも父の手から奪うことはできない。
三〇　わたしと父とは一つである。」
三一　ユダヤ人たちは、イエスを石で打ち殺そうとして、また石を取り上げた。
三二　すると、イエスは言われた。「わたしは、父が与えてくださった多くの善い業をあなたたちに示した。その中のどの業のために、石で打ち殺そうとするのか。」
三三　ユダヤ人たちは答えた。「善い業のことで、石で打ち殺すのではない。神を冒瀆したからだ。あなたは、人間なのに、自分を神としているからだ。」
三四　そこで、イエスは言われた。「あなたたちの律法に、『わたしは言う。あなたたちは神々である』と書いてあるではないか。

三五　神の言葉を受けた人たちが、『神々』と言われている。そして、聖書が廃れることはありえない。
三六　それなら、父から聖なる者とされて世に遣わされたわたしが、『わたしは神の子である』と言ったからとて、どうして『神を冒涜している』と言うのか。
三七　もし、わたしが父の業を行っていないのであれば、わたしを信じなくてもよい。
三八　しかし、行っているのであれば、わたしを信じなくても、その業を信じなさい。そうすれば、父がわたしの内におられ、わたしが父の内にいることを、あなたたちは知り、また悟るだろう。」
三九　そこで、ユダヤ人たちはまたイエスを捕らえようとしたが、イエスは彼らの手を逃れて、去って行かれた。

この中に「私は神だ」とキリスト自身が明確に宣言している箇所が三つあります。三〇節、三六節そして三八節の後半部分です。二八節は間接的にいっています。

（b）父による宣言
マタイ第一七章一―九節を読んでください。

◆イエスの姿が変わる
一　六日の後、イエスは、ペトロ、それにヤコブとその兄弟ヨハネだけを連れて、高い山に登られた。
二　イエスの姿が彼らの目の前で変わり、顔は太陽のように輝き、服は光のように白くなった。
三　見ると、モーセとエリヤが現れ、イエスと語り合っていた。
四　ペトロが口をはさんでイエスに言った。「主よ、わたしたちがここにいるのは、すばらしいことです。お望みでしたら、わたしがここに仮小屋を三つ建てましょう。一つはあなたのため、一つはモーセのため、もう一つはエリヤのためです。」

五　ペトロがこう話しているうちに、光り輝く雲が彼らを覆った。すると、「これはわたしの愛する子、わたしの心に適う者。これに聞け」という声が雲の中から聞こえた。
六　弟子たちはこれを聞いてひれ伏し、非常に恐れた。
七　イエスは近づき、彼らに手を触れて言われた。「起きなさい。恐れることはない。」
八　彼らが顔を上げて見ると、イエスのほかにはだれもいなかった。
九　一同が山を下りるとき、イエスは、「人の子が死者の中から復活するまで、今見たことをだれにも話してはならない」と弟子たちに命じられた。

五節に父による宣言がみられます。

（c）弟子たちによる宣言

マタイ第一四章二二―三三節です。

◆湖の上を歩く
二二　それからすぐ、イエスは弟子たちを強いて舟に乗せ、向こう岸へ先に行かせ、その間に群衆を解散させられた。
二三　群衆を解散させてから、祈るためにひとり山にお登りになった。夕方になっても、ただひとりそこにおられた。
二四　ところが、舟は既に陸から何スタディオンか離れており、逆風のために波に悩まされていた。
二五　夜が明けるころ、イエスは湖の上を歩いて弟子たちのところに行かれた。
二六　弟子たちは、イエスが湖上を歩いておられるのを見て、「幽霊だ」と言っておびえ、恐怖のあまり叫び声をあげた。
二七　イエスはすぐ彼らに話しかけられた。「安心しなさい。わたしだ。恐れることはない。」
二八　すると、ペトロが答えた。「主よ、あなたでしたら、わたしに命令して、水の上を歩いてそちらに行かせてください。」
二九　イエスが「来なさい」と言われたので、ペトロは舟から降りて水の上を歩き、イエスの方へ進んだ。
三〇　しかし、強い風に気がついて怖くなり、沈みかけたので、「主よ、助けてください」と叫んだ。
三一　イエスはすぐに手を伸ばして捕まえ、「信仰の薄い者よ、なぜ疑ったのか」と言われた。
三二　そして、二人が舟に乗り込むと、風は静まった。
三三　舟の中にいた人たちは、「本当に、あなたは神の子です」と言ってイエスを拝んだ。

三三節ですね。ここでは十二人の弟子たちがキリストを「神の子だ」と宣言しています。

マタイ第一六章一三―二〇節ではどうでしょうか。

◆ペトロ、信仰を言い表す
一三　イエスは、フィリポ・カイサリア地方に行ったとき、弟子たちに、「人々は、人の子のことを何者だと言っているか」とお尋ねになった。
一四　弟子たちは言った。「『洗礼者ヨハネだ』と言う人も、『エリヤだ』と言う人もいます。ほかに、『エレミヤだ』とか、『預言者の一人だ』と言う人もいます。」
一五　イエスが言われた。「それでは、あなたがたはわたしを何者だと言うのか。」
一六　シモン・ペトロが、「あなたはメシア、生ける神の子です」と答えた。
一七　すると、イエスはお答えになった。「シモン・バルヨナ、あなたは幸いだ。あなたにこのことを現したのは、人間ではなく、わたしの天の父なのだ。

一八　わたしも言っておく。あなたはペトロ。わたしはこの岩の上にわたしの教会を建てる。陰府の力もこれに対抗できない。
一九　わたしはあなたに天の国の鍵を授ける。あなたが地上でつなぐことは、天上でもつながれる。あなたが地上で解くことは、天上でも解かれる。」
二〇　それから、イエスは、御自分がメシアであることをだれにも話さないように、と弟子たちに命じられた。

一六節で弟子たちの一人であるペトロが「神の子だ」と宣言しています。余談ですが、ヨーロッパの大聖堂の前に使徒たちの像が立っているのを見かけたら、そのうちの一人が腰に大きな鍵をぶら下げているか確かめてください。それがペトロです。一九節でキリストは「あなたに天の国の鍵を授ける」と宣言します。

ヨハネ第二〇章一九—三一節も読んでください。

◆イエス、弟子たちに現れる
一九　その日、すなわち週の初めの日の夕方、弟子たちはユダヤ人を恐れて、自分たちのいる家の戸に鍵をかけていた。そこへ、イエスが来て真ん中に立ち、「あなたがたに平和があるように」と言われた。
二〇　そう言って、手とわき腹とをお見せになった。弟子たちは、主を見て喜んだ。
二一　イエスは重ねて言われた。「あなたがたに平和があるように。父がわたしをお遣わしになったように、わたしもあなたがたを遣わす。」
二二　そう言ってから、彼らに息を吹きかけて言われた。「聖霊を受けなさい。
二三　だれの罪でも、あなたがたが赦せば、その罪は赦される。だれの罪でも、あなたがたが赦さなければ、赦されないまま残る。

◆イエスとトマス
二四　十二人の一人でディディモと呼ばれるトマスは、イエスが来られたとき、彼らと一緒にいなかった。
二五　そこで、ほかの弟子たちが、「わたしたちは主を見た」と言うと、トマスは言った。「あの方の手に釘の跡を見、この指を釘跡に入れてみなければ、また、この手をそのわき腹に入れてみなければ、わたしは決して信じない。」
二六　さて八日の後、弟子たちはまた家の中におり、トマスも一緒にいた。戸にはみな鍵がかけてあったのに、イエスが来て真ん中に立ち、「あなたがたに平和があるように」と言われた。
二七　それから、トマスに言われた。「あなたの指をここに当てて、わたしの手を見なさい。また、あなたの手を伸ばし、わたしのわき腹に入れなさい。信じない者ではなく、信じる者になりなさい。」
二八　トマスは答えて、「わたしの主、わたしの神よ」と言った。
二九　イエスはトマスに言われた。「わたしを見たから信じたのか。見ないのに信じる人は、幸いである。」
◆本書の目的
三〇　このほかにも、イエスは弟子たちの前で、多くのしるしをなさったが、それはこの書物に書かれていない。
三一　これらのことが書かれたのは、あなたがたが、イエスは神の子メシアであると信じるためであり、また、信じてイエスの名により命を受けるためである。

二八節に注目してください。トマスが復活したキリストに対して「私の神よ」と公に宣言します。もう一つ三一節に書かれています。「イエスは神の子メシアである」と宣言していますが、これは誰の言葉だかお分かりでしょうか。この福音書を書いたヨハネ自身です。そうです、ヨハネ自身がキリストを神だと宣言しているのです。

余談ですが、キリストの使徒たち十二人の中で、一番疑い深い人は誰だと思いますか。この章の二四節から三一節を読んでお分かりだと思います。トマスです。彼は一度死んだキリストが復活するなど、決して信じてはいなかったようです。今の私たちと同じかもしれません。しかし、キリストの復活後、一番最初にキリストを「神だ」と宣言したのも（二八節）、実はトマスなのです。疑うことは決して悪いことではありません。何も勉強せず直ぐに信じることを盲信といいます。こちらのほうが性質が悪いと思いませんか。

リシャール神父「何の根拠もなく私は信じます、というのは簡単です。これを盲信といいます。しかし、まず疑ってかかり、とことん研究して理解できなくて、それでもその後、信じるしかないと悟ることが大切です。」

聖書をフランス語でビーブルといいます。図書館はフランス語でビブリオテックといいます。聖書一冊が図書館全部に相当するのでしょうか。人は本当かどうか図書館に行って調べます。その意味で、疑うことは学問の始まりだともいえそうです。そういえばあの『神学大全』を書いたトマス・アキナスもトマスです。リシャール神父も名前はトマス（フランス語読みではトマ）でした。

それでは、わたしたちは何によって、キリストは神だと信じることができるでしょうか。神は全知、全能、全愛でした。

・全知　マタイ第一六章二一節、第一七章二二—二三節及び第二〇章一七—一九節を読んでください。その教えについてはマルコ第一章二一—二八節です。
・全能（奇跡）　ヨハネ第一一章三三—四五節です。
・全愛　愛に満ちたキリストの生活についてはヨハネ第八章四二—四七節で分かります。あるいはペトロの手紙（一）第二章二一—二四節を読んでください。

話はまたまた少し横道にそれます。実は、私は「自分の結婚式をカトリック教会でしたい」とリシャール神父に相談しました。信者にはならないといっていた私がいつの間にか。

「信者デナイト、カトリック教会デハ結婚式ハサセマセン」

「残念です」

「アナタガ信者ニナレバ、カンタンダ」

「ええっ、それでいいんですか」

「タダシ、約束シテクダサイ。人間ハ死ヌマデ勉強シナケレバナリマセン。アナタモ死ヌマデ勉強スル覚悟ハアリマスカ」

「はい、約束します」

リシャール神父は次のように私にいって洗礼名をくれました。「アナタハ私ガ教エタ人タチノ中デ一番疑イ深イカラ、トマス、デース」

それでは、本書に書かれていることが本当かどうか疑いながら、お休みください。あまり考え過ぎると眠れませんが。次回はキリストの人性についてです。

## 第九話　キリストの人性

ここでは第八話の最初の図に示したキリストは「（a）救い主として、②人性があった」について研究します。

（一）キリストの人性について

ルカ第一章二六―三八節を読んでください。この箇所はマリアの「無原罪のおん宿り」といわれています。

◆イエスの誕生が予告される

二六　六か月目に、天使ガブリエルは、ナザレというガリラヤの町に神から遣わされた。

二七　ダビデ家のヨセフという人のいいなずけであるおとめのところに遣わされたのである。そのおとめの名はマリアといった。

二八　天使は、彼女のところに来て言った。「おめでとう、恵まれた方。主があなたと共におられる。」

二九　マリアはこの言葉に戸惑い、いったいこの挨拶は何のことかと考え込んだ。

三〇　すると、天使は言った。「マリア、恐れることはない。あなたは神から恵みをいただいた。

三一　あなたは身ごもって男の子を産むが、その子をイエスと名付けなさい。

三二　その子は偉大な人になり、いと高き方の子と言われる。神である主は、彼に父ダビデの王座をくださる。

三三　彼は永遠にヤコブの家を治め、その支配は終わることがない。」

三四　マリアは天使に言った。「どうして、そのようなことがありえましょうか。わたしは男の人を知りませんのに。」

三五　天使は答えた。「聖霊があなたに降り、いと高き方の力があなたを包む。だから、生まれる子は聖なる者、神の子と呼ばれる。
三六　あなたの親類のエリサベトも、年をとっているが、男の子を身ごもっている。不妊の女と言われていたのに、もう六か月になっている。
三七　神にできないことは何一つない。」
三八　マリアは言った。「わたしは主のはしためです。お言葉どおり、この身に成りますように。」そこで、天使は去って行った。

今日のプランはキリストの人性について、二つに分けて研究します。（A）キリストの受肉、おん宿りと、（B）キリストの誕生、です。

マリアは聖霊によって妊娠します。処女だったマリアにこれはあり得るのでしょうか。これは人間にとっては奇跡です。しかし神にとっては違います。神は塵から人間を作りました。これは奇跡ではありません。神は全能ですから何でもできます。

ヨハネ第一一章一―四五節を読んでください。

◆ラザロの死

一　ある病人がいた。マリアとその姉妹マルタの村、ベタニアの出身で、ラザロといった。
二　このマリアは主に香油を塗り、髪の毛で主の足をぬぐった女である。その兄弟ラザロが病気であった。
三　姉妹たちはイエスのもとに人をやって、「主よ、あなたの愛しておられる者が病気なのです」と言わせた。
四　イエスは、それを聞いて言われた。「この病気は死で終わるものではない。神の栄光のためである。神の子がそれによって栄光を受けるのである。」
五　イエスは、マルタとその姉妹とラザロを愛しておられた。

六 ラザロが病気だと聞いてからも、なお二日間同じ所に滞在された。
七 それから、弟子たちに言われた。「もう一度、ユダヤに行こう。」
八 弟子たちは言った。「ラビ、ユダヤ人たちがついこの間もあなたを石で打ち殺そうとしたのに、またそこへ行かれるのですか。」
九 イエスはお答えになった。「昼間は十二時間あるではないか。昼のうちに歩けば、つまずくことはない。この世の光を見ているからだ。
一〇 しかし、夜歩けば、つまずく。その人の内に光がないからである。」
一一 こうお話しになり、また、その後で言われた。「わたしたちの友ラザロが眠っている。しかし、わたしは彼を起こしに行く。」
一二 弟子たちは、「主よ、眠っているのであれば、助かるでしょう」と言った。
一三 イエスはラザロの死について話されたのだが、弟子たちは、ただ眠りについて話されたものと思ったのである。
一四 そこでイエスは、はっきりと言われた。「ラザロは死んだのだ。
一五 わたしがその場に居合わせなかったのは、あなたがたにとってよかった。あなたがたが信じるようになるためである。さあ、彼のところへ行こう。」
一六 すると、ディディモと呼ばれるトマスが、仲間の弟子たちに、「わたしたちも行って、一緒に死のうではないか」と言った。

◆イエスは復活と命

一七 さて、イエスが行って御覧になると、ラザロは墓に葬られて既に四日もたっていた。
一八 ベタニアはエルサレムに近く、十五スタディオンほどのところにあった。
一九 マルタとマリアのところには、多くのユダヤ人が、兄弟ラザロのことで慰めに来ていた。

二一　マルタはイエスに言った。「主よ、もしここにいてくださいましたら、わたしの兄弟は死ななかったでしょうに。
二二　しかし、あなたが神にお願いになることは何でも神はかなえてくださると、わたしは今でも承知しています。」
二三　イエスが、「あなたの兄弟は復活する」と言われると、
二四　マルタは、「終わりの日の復活の時に復活することは存じております」と言った。
二五　イエスは言われた。「わたしは復活であり、命である。わたしを信じる者は、死んでも生きる。
二六　生きていてわたしを信じる者はだれも、決して死ぬことはない。このことを信じるか。」
二七　マルタは言った。「はい、主よ、あなたが世に来られるはずの神の子、メシアであるとわたしは信じております。」
二八　マルタは、こう言ってから、家に帰って姉妹のマリアを呼び、「先生がいらして、あなたをお呼びですと耳打ちした。

◆イエス、涙を流す

二九　マリアはこれを聞くと、すぐに立ち上がり、イエスのもとに行った。
三〇　イエスはまだ村には入らず、マルタが出迎えた場所におられた。
三一　家の中でマリアと一緒にいて、慰めていたユダヤ人たちは、彼女が急に立ち上がって出て行くのを見て、墓に泣きに行くのだろうと思い、後を追った。
三二　マリアはイエスのおられる所に来て、イエスを見るなり足もとにひれ伏し、「主よ、もしここにいてくださいましたら、わたしの兄弟は死ななかったでしょうに」と言った。
三三　イエスは、彼女が泣き、一緒に来たユダヤ人たちも泣いているのを見て、心に憤りを覚え、興奮して、

三四　言われた。「どこに葬ったのか。」彼らは、「主よ、来て、御覧ください」と言った。
三五　イエスは涙を流された。
三六　ユダヤ人たちは、「御覧なさい、どんなにラザロを愛しておられたことか」と言った。
三七　しかし、中には、「盲人の目を開けたこの人も、ラザロが死なないようにはできなかったのか」と言う者もいた。

◆イエス、ラザロを生き返らせる

三八　イエスは、再び心に憤りを覚えて、墓に来られた。墓は洞穴で、石でふさがれていた。
三九　イエスが、「その石を取りのけなさい」と言われると、死んだラザロの姉妹マルタが、「主よ、四日もたっていますから、もうにおいます」と言った。
四〇　イエスは、「もし信じるなら、神の栄光が見られると、言っておいたではないか」と言われた。
四一　人々が石を取りのけると、イエスは天を仰いで言われた。「父よ、わたしの願いを聞き入れてくださって感謝します。
四二　わたしの願いをいつも聞いてくださることを、わたしは知っています。しかし、わたしがこう言うのは、周りにいる群衆のためです。あなたがわたしをお遣わしになったことを、彼らに信じさせるためです。」
四三　こう言ってから、「ラザロ、出て来なさい」と大声で叫ばれた。
四四　すると、死んでいた人が、手と足を布で巻かれたまま出て来た。顔は覆いで包まれていた。イエスは人々に、「ほどいてやって、行かせなさい」と言われた。

◆イエスを殺す計画

四五　マリアのところに来て、イエスのなさったことを目撃したユダヤ人の多くは、イエスを信じた。

ここは、ラザロの復活の場面を描いたものです。キリストはラザロを奇跡によって復活させます。ここで重要なことは、「人々は何を見て、何を信じたか」ということです。人々は何を見ましたか。「奇跡を見ました」。何を信じましたか。キリストの言葉＝「私は神から遣わされた」を信じたのです。

誰もキリストが神から遣わされたのを見たことはありません。奇跡は信じる対象ではなく、見る対象です。ラザロを復活させるようなことができる人は神しかいない、その人が「私は神から遣わされた」といったのだから、その人の言葉をそのまま信じたのです。しかしキリストが第八話で紹介したように「見ないで信じること（トマスの例）」の方がもっと大切です。

（A）キリストの受肉　おん宿り

マタイ第一章一八—二五節を読んでください。

◆イエス・キリストの誕生
一八　イエス・キリストの誕生の次第は次のようであった。母マリアはヨセフと婚約していたが、二人
が一緒になる前に、聖霊によって身ごもっていることが明らかになった。
一九　夫ヨセフは正しい人であったので、マリアのことを表ざたにするのを望まず、ひそかに縁を切ろう
と決心した。
二〇　このように考えていると、主の天使が夢に現れて言った。「ダビデの子ヨセフ、恐れず妻マリアを
迎え入れなさい。マリアの胎の子は聖霊によって宿ったのである。
二一　マリアは男の子を産む。その子をイエスと名付けなさい。この子は自分の民を罪から救うからである。」
二二　このすべてのことが起こったのは、主が預言者を通して言われていたことが実現するためであった。
二三　「見よ、おとめが身ごもって男の子を産む。その名はインマヌエルと呼ばれる。」この名は、「神

は我々と共におられる」という意味である。
二四　ヨセフは眠りから覚めると、主の天使が命じたとおり、妻を迎え入れ、
二五　男の子が生まれるまでマリアと関係することはなかった。そして、その子をイエスと名付けた。

マリアは夫のヨセフに妊娠を告げます。しかしヨセフはマリアを追い出そうとはしません。もし彼が公に彼女を追い出していたら、彼女は当時のしきたりによって、石で殺されていたでしょう。ヨセフが静かに彼女を隠そうとしたとき、天使が現れます。イエスの名前の意味がここで分かります。二三節です。イエス＝インマヌエル＝「神は私たちと共におられる」という意味です。

（B）キリストの誕生

キリストの誕生については、ルカ第一章一—二〇節及びマタイ第二章一—一二節を読んでください。わたしたちは人間として生まれた証拠として、戸籍謄本の中に記入されます。その中身は①いつ、②どこで、③親は誰で等です。そして④誰かがお祝いをします。この①、②、③、④について、聖書の箇所から当時どのように行われたかを探します。

①　キリストはいつ生まれましたか。

それは皇帝アウグストゥスの時代でした。このとき人口調査が行われました。マリアとヨセフはそのためナザレから約百キロ離れたベツレヘムへ行きました。歩いて約三日はかかったでしょう。この人口調査は寒い時期には行われません。恐らく春三月か四月の初め頃でしょう。そこから推測すれば、キリストが生まれたのは、大体四月の終わり頃だと思われます。

ローマ人は当時風習として一二月二五日に、太陽に対して礼拝していました。キリストはわたしたちにとって、あたかも太陽です。それを礼拝するため、一二月二五日をキリストの誕生日としました。

キリストの誕生日は、当時の人びとにはあまり関心がありませんでした。むしろ、彼らはキリストの復活に重きを置いていたのです。三世紀になってキリストの誕生日が最もふさわしいのはいつかを選ぶことになります。その結果、自然に日が長くなる日、即ち、ローマ人にとって一二月二五日、ギリシャ人にとって一月六日をキリストの誕生日としたのです。

そのため、カトリック教会は現在の典礼で二回、キリストの誕生日を祝っています。一二月二五日（ローマ流）のクリスマスと一月六日（ギリシャ流）の御公現の日がそれです。詳しくはJ．ヴァン・ブラッセル、山崎寿賀共訳、『新カトリック教理　成人への信仰メッセージ』、ヘルデル代理店／エンデルレ書店、一九七六年、一〇二～一〇八ページをお読みください。

②キリストはどこで生まれましたか。

キリストはベツレヘムで生まれました。なぜでしょうか。ベツレヘムはユダヤの国で、キリストはダビドの家系でした。言い換えれば、ベツレヘムはダビドの家系の町だったのです。

③法律的には、キリストは誰の子ですか。

ヨセフはキリストを守るため、自分が父親だと登録します。

④子供ができてお祝いがありました。

キリストの誕生を祝ったのは誰ですか。

・天使（キリストは神性があったことを意味します）
・ヨセフとマリア（人間として最初にキリストの誕生を祝いました）
・羊飼いたち
・そばにいた牛かな
・博士たち（マタイ第二章一―一二節）

そして贈り物は三つありました。黄金、乳香そして没薬です。この三つにはそれぞれ意味があります。

・黄金　いつも王様に対して捧げられました。そのため、ここではキリストを救い主として認めたことを意味します。
・乳香　神聖なものとして、ギリシャ時代はいつも神に対してこれを用いました。ここではキリストの神性を認めたことを意味します。
・没薬　葬儀の時、死者のために用いていました。ここではキリストは人間として死ぬ（キリストの人性）という意味が含まれていました。

キリストは全世界の人びとを救うためこの世に来ました。それは遠い所から博士たちが来たことで説明されます。博士たちは三つの贈り物を持って来たので、三人の博士たちがいたといわれていますが、長い旅をして来たので彼らはきっと三人以上いたに違いありません。

次回はキリストの十字架について学びます。今日はどうぞ楽しい夢を。

# 第十話　キリストの十字架と復活

（一）キリストは人間を救うために何をしましたか。

人性においては、「受難＝十字架」で苦しんだ後、キリストは死にました。キリストの苦しみについては、全ての福音書に「精神」と「肉」の苦しみが書かれています。

キリストの精神的苦しみと肉体的苦しみについては、次のようにまとめられるでしょう。

| | | **マタイ** | **マルコ** | **ルカ** | **ヨハネ** |
|---|---|---|---|---|---|
| 苦しみ | 肉体的 | 第二七章 | 第一五章 | 第二三章 | 第一九章 |
| | 精神的 | 第二六章 | 第一四章 | 第二二章 | 第一八章 |

キリストの受難と復活にかんして、『ヨハネによる福音書』は次のような構造になっています。

復活 ―― 第二〇章第三一節
永遠の命 ―― 第二〇章第三一節
十字架（血と水）

第一章―第五章　水
第六章―第一二章　パン

イエス・キリストの受難と死去について、四つの福音書は何を語っているでしょうか。次はそれを簡単にまとめたものです。参考にしてください。

一　最後の晩餐

マタイ第二六章一七―二九節、マルコ第一四章一二―二六節

ルカ第二二章七―二三節、ヨハネ　なし

二　ゲッセマネの園での祈り

マタイ第二六章三六―四六節、マルコ第一四章三二―四二節

ルカ第二二章三九―四六節、ヨハネ第一八章一節

その中でイエスの代表的な祈り

マタイ第二六章三九節、マルコ第一四章三六節

ルカ第二二章四一―四二節、ヨハネ　なし

三　逮捕

マタイ第二六章四七―五六節、マルコ第一四章四三―五〇節

ルカ第二二章四七―五三節、ヨハネ第一八章二―一二節

四　議会

マタイ第二六章五七―六八節、マルコ第一四章五三―六五節

ルカ第二二章六六―七一節、ヨハネ第一八章一三―一四節及び一九―二四節
その中で神の子・救い主であることの証言
マタイ第二六章六三―六四節、マルコ第一四章六一―六二節
ルカ第二二章七〇節、ヨハネ　なし

五　死刑の宣告
マタイ第二七章一五―二六節、マルコ第一五章六―一五節
ルカ第二三章一三―二五節、ヨハネ第一八章三九節―第一九章一六節

六　十字架
マタイ第二七章三二―四四節、マルコ第一五章二一―三二節
ルカ第二三章二六―四三節、ヨハネ第一九章一七―二七節
その中で敵に対する赦しの願い
マタイ　なし、マルコ　なし
ルカ第二三章三四節、ヨハネ　なし

七　死
マタイ第二七章四五―五六節、マルコ第一五章三三―四一節
ルカ第二三章四四―四九節、ヨハネ第一九章二八―三〇節

八　死の証言
　マタイ　なし、マルコ　なし
　ルカ　なし、ヨハネ第一九章三一―三七節
九　埋葬
　マタイ第二七章五七―六一節、マルコ第一五章四二―四七節
　ルカ第二三章五〇―五五節、ヨハネ第一九章三八―四二節

（二）キリストの遺言について
受難の時、そして十字架の上で発せられた苦しみの中で、キリストの有名な七つの遺言の言葉があります。

①ルカ第二三章三四節　「父よ彼らをお赦しください」
②ルカ第二三章四三節　「あなたは今日わたしと一緒に楽園にいる」
③ヨハネ第一九章二六節　「婦人よ、御覧なさい。あなたの子です」
④マタイ第二七章四六節　「わが神、わが神、なぜわたしをお見捨てになったのですか」
⑤ヨハネ第一九章二八節　「渇く」

ここでマタイ第五章六節「義に飢え渇く人々は、幸いである」を思い出してください。「義」は神の正義の意味です。キリストは神の正義を果たすために苦しみました。キリストはふつうの人間のように「喉が渇いた」といったのではなく、「神の正義に私は飢え渇いています」といったのです。

⑥ ヨハネ第一九章三〇節　「成し遂げられた」
⑦ ルカ第二三章四六節　「父よ、わたしの霊を御手にゆだねます」

このとき、キリストは聖霊降臨について考えたようです。キリストがこの世に来たのは簡単にいえば、三位一体のうちの霊をこの世に遣わすためでした。その意味で、これはとても重要な言葉です。

（三）理解しにくい言葉

ヨハネ第一九章三一―三七節を読むと、その中の三四節に「血と水が流れ出た」とあります。これはかなり分かりにくい言葉です。

『ヨハネによる福音書』のテーマは血と水といってもよいでしょう。ふつうの水は人間に永遠の命を与えることはできません。一時的に喉の渇きを癒す程度です。

ところが洗礼の水は特別な力を受けて、永遠の命を与えます。『ヨハネによる福音書』の第一三章から第一七章までは、永遠の命について書かれています。それらの箇所を読んでおいてください。また、ヨハネ第六章五二―五九節を読むと、パンは特別な力を受けて、永遠の命を与えます。人間は生活をするのに水とパンが必要です。超自然の生活、つまり永遠の命を得るのには、それと同じようなものが必要だといっているのです。

リシャール神父の説教「ぶどうは人間の足によって踏み砕かれ、最後には人を喜ばすぶどう酒になります。小麦も人によって砕かれ、最後には人を喜ばすパンになります。このようにわたしたちは人に踏み砕かれても、最後には人を喜ばせることのできる人間になれますように」

今日はこれで終わりです。どうぞおいしいワインでも飲んで、ゆっくりお休みください。次回は教会について学びます。

## 第十一話　教会とミサ

ミサは十字架の行いを端的に表したものです。キリストは自分をいけにえとして神に捧げます。それは人間の救いのためでした。教会はそれをミサという形で、しかも目に見える形で、パンとぶどう酒を神に捧げています。それを分かりやすく図にすると次のようになります。

ミサの行い＝キリストの行い

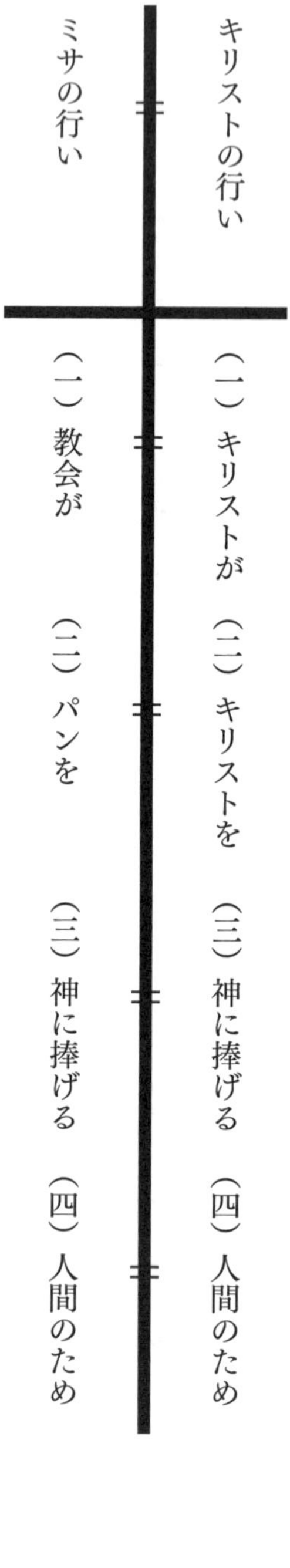


ミサの中にはこの四つの点がなければなりません。ここでは、そのうちの（一）と（二）について詳しく説明します。

（一）教会＝キリスト

はたして「教会＝キリスト」といえるでしょうか。これまで通り聖書の言葉に基づいて、これを①から⑦まで、順を追って証明します。

①マタイ第二八章一六―二〇節

◆弟子たちを派遣する

一六　さて、十一人の弟子たちはガリラヤに行き、イエスが指示しておかれた山に登った。
一七　そして、イエスに会い、ひれ伏した。しかし、疑う者もいた。
一八　イエスは、近寄って来て言われた。「わたしは天と地の一切の権能を授かっている。
一九　だから、あなたがたは行って、すべての民をわたしの弟子にしなさい。彼らに父と子と聖霊の名によって洗礼を授け、
二〇　あなたがたに命じておいたことをすべて守るように教えなさい。わたしは世の終わりまで、いつもあなたがたと共にいる。」

特に二〇節に注意してください。「わたしは世の終わりまで、いつもあなたがたと共にいる」キリストはある程度、教会の霊魂として今も生きています。三位一体の一つの行いは三位一体全体の行いと同じです。ですから、キリストがわたしたちと共にいる、わたしたちの中にいるということは、三位が共にわたしたちの中にいるということを意味します。

②マルコ第一六章一四―二〇節

◆弟子たちを派遣する

一四　その後、十一人が食事をしているとき、イエスが現れ、その不信仰とかたくなな心をおとがめになった。復活されたイエスを見た人々の言うことを、信じなかったからである。
一五　それから、イエスは言われた。「全世界に行って、すべての造られたものに福音を宣べ伝えなさい。

一六　信じて洗礼を受ける者は救われるが、信じない者は滅びの宣告を受ける。
一七　信じる者には次のようなしるしが伴う。彼らはわたしの名によって悪霊を追い出し、新しい言葉を語る。
一八　手で蛇をつかみ、また、毒を飲んでも決して害を受けず、病人に手を置けば治る。」

◆天に上げられる

一九　主イエスは、弟子たちに話した後、天に上げられ、神の右の座に着かれた。
二〇　一方、弟子たちは出かけて行って、至るところで宣教した。主は彼らと共に働き、彼らの語る言葉が真実であることを、それに伴うしるしによってはっきりとお示しになった。」

特に二〇節に注目してください。「主は彼らと共に働き」とは、キリストはわたしたちと共にいるだけではなく、教会と共に働くという意味です。ですから、教会で働く人々は失敗をおそれてはなりません。たとえ失敗してもそれは十字架のようなものです。キリストが共に働くのですから、それは失敗ではありません。

③マタイ第一八章一五―二二節

◆兄弟の忠告

一五　「兄弟があなたに対して罪を犯したなら、行って二人だけのところで忠告しなさい。言うことを聞き入れたら、兄弟を得たことになる。
一六　聞き入れなければ、ほかに一人か二人、一緒に連れて行きなさい。すべてのことが、二人または三人の証人の口によって確定されるようになるためである。
一七　それでも聞き入れなければ、教会に申し出なさい。教会の言うことも聞き入れないなら、その人を異邦人か徴税人と同様に見なしなさい。

一八　はっきり言っておく。あなたがたが地上でつなぐことは、天上でもつながれ、あなたがたが地上で解くことは、天上でも解かれる。
一九　また、はっきり言っておくが、どんな願い事であれ、あなたがたのうち二人が地上で心を一つにして求めるなら、わたしの天の父はそれをかなえてくださる。
二〇　二人または三人がわたしの名によって集まるところには、わたしもその中にいるのである。」

◆「仲間を赦さない家来」のたとえ
二一　そのとき、ペトロがイエスのところに来て言った。「主よ、兄弟がわたしに対して罪を犯したなら、何回赦すべきでしょうか。七回までですか。」
二二　イエスは言われた。「あなたに言っておく。七回どころか七の七十倍までも赦しなさい。

特に二〇節に注目してください。「二人または三人がわたしの名によって集まるところには、わたしもその中にいるのである」

共同体という言葉は単なる人間の集まりではなく、キリストと共にいるという意味です。ミサでは二～三人以上の人が集まっていますから、必ずそこにはキリストがいます。

④ルカ第一〇章一―二〇節

◆七十二人を派遣する
一　その後、主はほかに七十二人を任命し、御自分が行くつもりのすべての町や村に二人ずつ先に遣わされた。
二　そして、彼らに言われた。「収穫は多いが、働き手が少ない。だから、収穫のために働き手を送ってくださるように、収穫の主に願いなさい。

三 行きなさい。わたしはあなたがたを遣わす。それは、狼の群れに小羊を送り込むようなものだ。
四 財布も袋も履物も持って行くな。途中でだれにも挨拶をするな。
五 どこかの家に入ったら、まず、『この家に平和があるように』と言いなさい。
六 平和の子がそこにいるなら、あなたがたの願う平和はその人にとどまる。もし、いなければ、その
平和はあなたがたに戻ってくる。
七 その家に泊まって、そこで出される物を食べ、また飲みなさい。働く者が報酬を受けるのは当然だ
からである。家から家へと渡り歩くな。
八 どこかの町に入り、迎え入れられたら、出される物を食べ、
九 その町の病人をいやし、また、『神の国はあなたがたに近づいた』と言いなさい。
一〇 しかし、町に入っても、迎え入れられなければ、広場に出てこう言いなさい。
一一 『足についたこの町の埃さえも払い落として、あなたがたに返す。しかし、神の国が近づいたこと
を知れ』と。
一二 言っておくが、かの日には、その町よりまだソドムの方が軽い罰で済む。」

◆悔い改めない町を叱る

一三 「コラジン、お前は不幸だ。ベトサイダ、お前は不幸だ。お前たちのところでなされた奇跡がティ
ルスやシドンで行われていれば、これらの町はとうの昔に粗布をまとい、灰の中に座って悔い改め
たにちがいない。
一四 しかし、裁きの時には、お前たちよりまだティルスやシドンの方が軽い罰で済む。
一五 また、カファルナウム、お前は、／天にまで上げられるとでも思っているのか。陰府にまで落とさ
れるのだ。
一六 あなたがたに耳を傾ける者は、わたしに耳を傾け、あなたがたを拒む者は、わたしを拒むのであ

る。わたしを拒む者は、わたしを遣わされた方を拒むのである。」

◆七十二人、帰って来る

一七　七十二人は喜んで帰って来て、こう言った。「主よ、お名前を使うと、悪霊さえもわたしたちに屈服します。」

一八　イエスは言われた。「わたしは、サタンが稲妻のように天から落ちるのを見ていた。

一九　蛇やさそりを踏みつけ、敵のあらゆる力に打ち勝つ権威を、わたしはあなたがたに授けた。だから、あなたがたに害を加えるものは何一つない。

二〇　しかし、悪霊があなたがたに服従するからといって、喜んではならない。むしろ、あなたがたの名が天に書き記されていることを喜びなさい。」

特に一六節に注目してください。「あなたがたを拒む者は、わたしを拒むのである」「教会を拒む者＝迫害する者」はキリストを拒む、ひいては神を否定する者です。

⑤ヨハネ第六章五二―五九節

五二　それで、ユダヤ人たちは、「どうしてこの人は自分の肉を我々に食べさせることができるのか」と、互いに激しく議論し始めた。

五三　イエスは言われた。「はっきり言っておく。人の子の肉を食べ、その血を飲まなければ、あなたたちの内に命はない。

五四　わたしの肉を食べ、わたしの血を飲む者は、永遠の命を得、わたしはその人を終わりの日に復活させる。

五五　わたしの肉はまことの食べ物、わたしの血はまことの飲み物だからである。

五六　わたしの肉を食べ、わたしの血を飲む者は、いつもわたしの内におり、わたしもまたいつもその人の内にいる。
五七　生きておられる父がわたしをお遣わしになり、またわたしが父によって生きるように、わたしを食べる者もわたしによって生きる。
五八　これは天から降って来たパンである。先祖が食べたのに死んでしまったようなものとは違う。このパンを食べる者は永遠に生きる。」
五九　これらは、イエスがカファルナウムの会堂で教えていたときに話されたことである。

特に五六節に注目してください。「わたしもまたその人の内にいる」、「内にいる」とは、あなたたちと共にいるという意味です。

⑥ヨハネ第一四章一八―二四節

一八　わたしは、あなたがたをみなしごにはしておかない。あなたがたのところに戻って来る。
一九　しばらくすると、世はもうわたしを見なくなるが、あなたがたはわたしを見る。わたしが生きているので、あなたがたも生きることになる。
二〇　かの日には、わたしが父の内におり、あなたがたがわたしの内におり、わたしもあなたがたの内にいることが、あなたがたに分かる。
二一　わたしの掟を受け入れ、それを守る人は、わたしを愛する者である。わたしを愛する人は、わたしの父に愛される。わたしもその人を愛して、その人にわたし自身を現す。」
二二　イスカリオテでない方のユダが、「主よ、わたしたちには御自分を現そうとなさるのに、世にはそうなさらないのは、なぜでしょうか」と言った。
二三　イエスはこう答えて言われた。「わたしを愛する人は、わたしの言葉を守る。わたしの父はその人を愛され、父とわたしとはその人のところに行き、一緒に住む。
二四　わたしを愛さない者は、わたしの言葉を守らない。あなたがたが聞いている言葉はわたしのもので
はなく、わたしをお遣わしになった父のものである。

特に一八節に注目してください。「みなしごにしない」、一九節「あなたたちはわたしを見る」、二〇節「おる」、二一節「自分を現す」、二三節「一緒に住む」とキリストはいいます。

⑦ヨハネ第一五章一―九節

◆イエスはまことのぶどうの木

一　「わたしはまことのぶどうの木、わたしの父は農夫である。
二　わたしにつながっていながら、実を結ばない枝はみな、父が取り除かれる。しかし、実を結ぶもの
はみな、いよいよ豊かに実を結ぶように手入れをなさる。
三　わたしの話した言葉によって、あなたがたは既に清くなっている。
四　わたしにつながっていなさい。わたしもあなたがたにつながっている。ぶどうの枝が、木につな
がっていなければ、自分では実を結ぶことができないように、あなたがたも、わたしにつながって
いなければ、実を結ぶことができない。
五　わたしはぶどうの木、あなたがたはその枝である。人がわたしにつながっており、わたしもその人
につながっていれば、その人は豊かに実を結ぶ。わたしを離れては、あなたがたは何もできないか
らである。
六　わたしにつながっていない人がいれば、枝のように外に投げ捨てられて枯れる。そして、集めら
れ、火に投げ入れられて焼かれてしまう。

七　あなたがたがわたしにつながっており、わたしの言葉があなたがたの内にいつもあるならば、望むものを何でも願いなさい。そうすればかなえられる。
八　あなたがたが豊かに実を結び、わたしの弟子となるなら、それによって、わたしの父は栄光をお受けになる。
九　父がわたしを愛されたように、わたしもあなたがたを愛してきた。わたしの愛にとどまりなさい。

特に五節に注目してください。「わたしを離れては、あなたがたは何もできない」。逆にいえば、つながっているときは何かをすることができます。教会の全ての仕事はキリストの仕事です。ですから、キリストにつながっていないと何もできません。

以上が聖書による「教会＝キリスト」の証明です。しかし最もよい証明は『使徒言行録』に記されています。使徒言行録第九章一―三一節を読んでください。少し長いですが、ここはサウロ（後のパウロ）の回心の場面です。とても重要な箇所ですので、ゆっくり読んでください。

◆サウロの回心

一　さて、サウロはなおも主の弟子たちを脅迫し、殺そうと意気込んで、大祭司のところへ行き、
二　ダマスコの諸会堂あての手紙を求めた。それは、この道に従う者を見つけ出したら、男女を問わず縛り上げ、エルサレムに連行するためであった。
三　ところが、サウロが旅をしてダマスコに近づいたとき、突然、天からの光が彼の周りを照らした。
四　サウロは地に倒れ、「サウル、サウル、なぜ、わたしを迫害するのか」と呼びかける声を聞いた。
五　「主よ、あなたはどなたですか」と言うと、答えがあった。「わたしは、あなたが迫害しているイエスである。
六　起きて町に入れ。そうすれば、あなたのなすべきことが知らされる。」

七　同行していた人たちは、声は聞こえても、だれの姿も見えないので、ものも言えず立っていた。
八　サウロは地面から起き上がって、目を開けたが、何も見えなかった。人々は彼の手を引いてダマスコに連れて行った。
九　サウロは三日間、目が見えず、食べも飲みもしなかった。
一〇　ところで、ダマスコにアナニアという弟子がいた。幻の中で主が、「アナニア」と呼びかけると、アナニアは、「主よ、ここにおります」と言った。
一一　すると、主は言われた。「立って、『直線通り』と呼ばれる通りへ行き、ユダの家にいるサウロという名の、タルソス出身の者を訪ねよ。今、彼は祈っている。
一二　アナニアという人が入って来て自分の上に手を置き、元どおり目が見えるようにしてくれるのを、幻で見たのだ。」
一三　しかし、アナニアは答えた。「主よ、わたしは、その人がエルサレムで、あなたの聖なる者たちに対してどんな悪事を働いたか、大勢の人から聞きました。
一四　ここでも、御名を呼び求める人をすべて捕らえるため、祭司長たちから権限を受けています。」
一五　すると、主は言われた。「行け。あの者は、異邦人や王たち、またイスラエルの子らにわたしの名を伝えるために、わたしが選んだ器である。
一六　わたしの名のためにどんなに苦しまなくてはならないかを、わたしは彼に示そう。」
一七　そこで、アナニアは出かけて行ってユダの家に入り、サウロの上に手を置いて言った。「兄弟サウル、あなたがここへ来る途中に現れてくださった主イエスは、あなたが元どおり目が見えるようになり、また、聖霊で満たされるようにと、わたしをお遣わしになったのです。」
一八　すると、たちまち目からうろこのようなものが落ち、サウロは元どおり見えるようになった。そこで、身を起こして洗礼を受け、

一九　食事をして元気を取り戻した。

◆サウロ、ダマスコで福音を告げ知らせる

サウロは数日の間、ダマスコで福音を告げ知らせる

二〇　すぐあちこちの会堂で、「この人こそ神の子である」と、イエスのことを宣べ伝えた。

二一　これを聞いた人々は皆、非常に驚いて言った。「あれは、エルサレムでこの名を呼び求める者たちを滅ぼしていた男ではないか。また、ここへやって来たのも、彼らを縛り上げ、祭司長たちのところへ連行するためではなかったか。」

二二　しかし、サウロはますます力を得て、イエスがメシアであることを論証し、ダマスコに住んでいるユダヤ人をうろたえさせた。

◆サウロ、命をねらう者たちの手から逃れる

二三　かなりの日数がたって、ユダヤ人はサウロを殺そうとたくらんだが、

二四　この陰謀はサウロの知るところとなった。しかし、ユダヤ人は彼を殺そうと、昼も夜も町の門で見張っていた。

二五　そこで、サウロの弟子たちは、夜の間に彼を連れ出し、籠に乗せて町の城壁づたいにつり降ろした。

◆サウロ、エルサレムで使徒たちと会う

二六　サウロはエルサレムに着き、弟子の仲間に加わろうとしたが、皆は彼を弟子だとは信じないで恐れた。

二七　しかしバルナバは、サウロを連れて使徒たちのところへ案内し、サウロが旅の途中で主に出会い、主に語りかけられ、ダマスコでイエスの名によって大胆に宣教した次第を説明した。

二八　それで、サウロはエルサレムで使徒たちと自由に行き来し、主の名によって恐れずに教えるようになった。

二九　また、ギリシア語を話すユダヤ人と語り、議論もしたが、彼らはサウロを殺そうとねらっていた。

三〇　それを知った兄弟たちは、サウロを連れてカイサリアに下り、そこからタルソスへ出発させた。
三一　こうして、教会はユダヤ、ガリラヤ、サマリアの全地方で平和を保ち、主を畏れ、聖霊の慰めを受け、基礎が固まって発展し、信者の数が増えていった。

四節と五節に注目してください。四節でキリストは「サウル、サウル、なぜ、わたしを迫害するのか」とサウル（後のパウロ）に問います。そして五節では「わたしは、あなたが迫害しているイエスである」とキリストは宣言します。

サウロはキリストの信者たち、つまり教会を迫害しようとしていました。しかしキリストは「なぜ私の教会を迫害するのか」とはいわず、「なぜわたしを迫害するのか」といいます。ここで、「わたし＝キリスト＝教会」であることが証明されています。そろそろまとめに入ります。

キリストは罪びとを救うためこの世に来ました。例えば、聖アウグスチヌスは若い頃あまりまじめな生活をしていませんでした。サウロもひどい人でした。しかし彼らは最後には教会のために働き、教会の重要な人物となったのです。

ヨハネの手紙（一）第一章一〇節には次のように書かれています。「罪を犯したことがないと言うなら、それは神を偽り者とすること」

「私は罪を犯したことがない」という人は嘘つきだと思いませんか。だれでも罪びとです。その人たちのためにキリストはこの世に来ました。そしてわたしたち罪びとは教会に来て、そこでキリストと出会うのです。人と出会うために教会に来るのではありません。教会は罪びとばかりの集まりだといえるでしょう。

（二）パン＝キリストの証明

パン＝キリストであるという証明を次の①から⑤の順に従って証明します。

①キリストは自分自身の体を永遠の命のパンとして与える約束をしました。

ヨハネ第六章一―七一節

◆五千人に食べ物を与える

一　その後、イエスはガリラヤ湖、すなわちティベリアス湖の向こう岸に渡られた。
二　大勢の群衆が後を追った。イエスが病人たちになさったしるしを見たからである。
三　イエスは山に登り、弟子たちと一緒にそこにお座りになった。
五　イエスは目を上げ、大勢の群衆が御自分の方へ来るのを見て、フィリポに、「この人たちに食べさせるには、どこでパンを買えばよいだろうか」と言われたが、
六　こう言ったのはフィリポを試みるためであって、御自分では何をしようとしているか知っておられたのである。
七　フィリポは、「めいめいが少しずつ食べるためにも、二百デナリオン分のパンでは足りないでしょう」と答えた。
八　弟子の一人で、シモン・ペトロの兄弟アンデレが、イエスに言った。
九　「ここに大麦のパン五つと魚二匹とを持っている少年がいます。けれども、こんなに大勢の人では、何の役にも立たないでしょう。」
一〇　イエスは、「人々を座らせなさい」と言われた。そこには草がたくさん生えていた。男たちはそこに座ったが、その数はおよそ五千人であった。
一一　さて、イエスはパンを取り、感謝の祈りを唱えてから、座っている人々に分け与えられた。また、魚も同じようにして、欲しいだけ分け与えられた。
一二　人々が満腹したとき、イエスは弟子たちに、「少しも無駄にならないように、残ったパンの屑を集めなさい」と言われた。

一三　集めると、人々が五つの大麦パンを食べて、なお残ったパンの屑で、十二の籠がいっぱいになった。
一四　そこで、人々はイエスのなさったしるしを見て、「まさにこの人こそ、世に来られる預言者である」と言った。
一五　イエスは、人々が来て、自分を王にするために連れて行こうとしているのを知り、ひとりでまた山に退かれた。

◆湖の上を歩く

一六　夕方になったので、弟子たちは湖畔へ下りて行った。
一七　そして、舟に乗り、湖の向こう岸のカファルナウムに行こうとした。既に暗くなっていたが、イエスはまだ彼らのところには来ておられなかった。
一八　強い風が吹いて、湖は荒れ始めた。
一九　二十五ないし三十スタディオンばかり漕ぎ出したころ、イエスが湖の上を歩いて舟に近づいて来られるのを見て、彼らは恐れた。
二〇　イエスは言われた。「わたしだ。恐れることはない。」
二一　そこで、彼らはイエスを舟に迎え入れようとした。すると間もなく、舟は目指す地に着いた。

◆イエスは命のパン

二二　その翌日、湖の向こう岸に残っていた群衆は、そこには小舟が一そうしかなかったこと、また、イエスは弟子たちと一緒に舟に乗り込まれず、弟子たちだけが出かけたことに気づいた。
二三　ところが、ほかの小舟が数そうティベリアスから、主が感謝の祈りを唱えられた後に人々がパンを食べた場所へ近づいて来た。
二四　群衆は、イエスも弟子たちもそこにいないと知ると、自分たちもそれらの小舟に乗り、イエスを捜し求めてカファルナウムに来た。

二五 そして、湖の向こう岸でイエスを見つけると、「ラビ、いつ、ここにおいでになったのですか」と言った。
二六 イエスは答えて言われた。「はっきり言っておく。あなたがたがわたしを捜しているのは、しるしを見たからではなく、パンを食べて満腹したからだ。
二七 朽ちる食べ物のためではなく、いつまでもなくならないで、永遠の命に至る食べ物のために働きなさい。これこそ、人の子があなたがたに与える食べ物である。父である神が、人の子を認証されたからである。」
二八 そこで彼らが、「神の業を行うためには、何をしたらよいでしょうか」と言うと、
二九 イエスは答えて言われた。「神がお遣わしになった者を信じること、それが神の業である。」
三〇 そこで、彼らは言った。「それでは、わたしたちが見てあなたを信じることができるように、どんなしるしを行ってくださいますか。どのようなことをしてくださいますか。
三一 わたしたちの先祖は、荒れ野でマンナを食べました。『天からのパンを彼らに与えて食べさせた』と書いてあるとおりです。」
三二 すると、イエスは言われた。「はっきり言っておく。モーセが天からのパンをあなたがたに与えたのではなく、わたしの父が天からのまことのパンをお与えになる。
三三 神のパンは、天から降って来て、世に命を与えるものである。」
三四 そこで、彼らが、「主よ、そのパンをいつもわたしたちにください」と言うと、
三五 イエスは言われた。「わたしが命のパンである。わたしのもとに来る者は決して飢えることがなく、わたしを信じる者は決して渇くことがない。
三六 しかし、前にも言ったように、あなたがたはわたしを見ているのに、信じない。
三七 父がわたしにお与えになる人は皆、わたしのところに来る。わたしのもとに来る人を、わたしは決して追い出さない。

三八　わたしが天から降って来たのは、自分の意志を行うためではなく、わたしをお遣わしになった方の御心を行うためである。
三九　わたしをお遣わしになった方の御心とは、わたしに与えてくださった人を一人も失わないで、終わりの日に復活させることである。
四〇　わたしの父の御心は、子を見て信じる者が皆永遠の命を得ることであり、わたしがその人を終わりの日に復活させることだからである。」
四一　ユダヤ人たちは、イエスが「わたしは天から降って来たパンである」と言われたので、イエスのことでつぶやき始め、
四二　こう言った。「これはヨセフの息子のイエスではないか。我々はその父も母も知っている。どうして今、『わたしは天から降って来た』などと言うのか。」
四三　イエスは答えて言われた。「つぶやき合うのはやめなさい。
四四　わたしをお遣わしになった父が引き寄せてくださらなければ、だれもわたしのもとへ来ることはできない。わたしはその人を終わりの日に復活させる。
四五　預言者の書に、『彼らは皆、神によって教えられる』と書いてある。父から聞いて学んだ者は皆、わたしのもとに来る。
四六　父を見た者は一人もいない。神のもとから来た者だけが父を見たのである。
四七　はっきり言っておく。信じる者は永遠の命を得ている。
四八　わたしは命のパンである。
四九　あなたたちの先祖は荒れ野でマンナを食べたが、死んでしまった。
五〇　しかし、これは、天から降って来たパンであり、これを食べる者は死なない。
五一　わたしは、天から降って来た生きたパンである。このパンを食べるならば、その人は永遠に生き

五二　る。わたしが与えるパンとは、世を生かすためのわたしの肉のことである。」
五二　それで、ユダヤ人たちは、「どうしてこの人は自分の肉を我々に食べさせることができるのか」と、互いに激しく議論し始めた。
五三　イエスは言われた。「はっきり言っておく。人の子の肉を食べ、その血を飲まなければ、あなたたちの内に命はない。
五四　わたしの肉を食べ、わたしの血を飲む者は、永遠の命を得、わたしはその人を終わりの日に復活させる。
五五　わたしの肉はまことの食べ物、わたしの血はまことの飲み物だからである。
五六　わたしの肉を食べ、わたしの血を飲む者は、いつもわたしの内におり、わたしもまたいつもその人の内にいる。
五七　生きておられる父がわたしをお遣わしになり、またわたしが父によって生きるように、わたしを食べる者もわたしによって生きる。
五八　これは天から降って来たパンである。先祖が食べたのに死んでしまったようなものとは違う。このパンを食べる者は永遠に生きる。」
五九　これらは、イエスがカファルナウムの会堂で教えていたときに話されたことである。

◆永遠の命の言葉

六〇　ところで、弟子たちの多くの者はこれを聞いて言った。「実にひどい話だ。だれが、こんな話を聞いていられようか。」
六一　イエスは、弟子たちがこのことについてつぶやいているのに気づいて言われた。「あなたがたはこのことにつまずくのか。
六二　それでは、人の子がもといた所に上るのを見るならば……。

六三　命を与えるのは〝霊〟である。肉は何の役にも立たない。わたしがあなたがたに話した言葉は霊であり、命である。
六四　しかし、あなたがたのうちには信じない者たちもいる。」イエスは最初から、信じない者たちがだれであるか、また、御自分を裏切る者がだれであるかを知っておられたのである。
六五　そして、言われた。「こういうわけで、わたしはあなたがたに、『父からお許しがなければ、だれもわたしのもとに来ることはできない』と言ったのだ。」
六六　このために、弟子たちの多くが離れ去り、もはやイエスと共に歩まなくなった。
六七　そこで、イエスは十二人に、「あなたがたも離れて行きたいか」と言われた。
六八　シモン・ペトロが答えた。「主よ、わたしたちはだれのところへ行きましょうか。あなたは永遠の命の言葉を持っておられます。
六九　あなたこそ神の聖者であると、わたしたちは信じ、また知っています。」
七〇　すると、イエスは言われた。「あなたがた十二人は、わたしが選んだのではないか。ところが、その中の一人は悪魔だ。」
七一　イスカリオテのシモンの子ユダのことを言われたのである。このユダは、十二人の一人でありながら、イエスを裏切ろうとしていた。

特に二七節「朽ちる食べ物のためではなく、いつまでもなくならないで、永遠の命に至る食べ物のために働きなさい」、三三節「神のパンは、天から降って来て、世に命を与えるものである」、そして三五節「わたしが命のパンである。わたしのもとに来る者は決して飢えることがなく、わたしを信じる者は決して渇くことがない」に注目してください。キリスト自身が「わたしは命のパンである」と証言しています。

②キリストは最後の晩餐のとき、その約束を果たしました。

ルカ第二二章七―二三節

◆過越の食事を準備させる

七　過越の小羊を屠るべき除酵祭の日が来た。
八　イエスはペトロとヨハネとを使いに出そうとして、「行って過越の食事ができるように準備しなさい」と言われた。
九　二人が、「どこに用意いたしましょうか」と言うと、
一〇　イエスは言われた。「都に入ると、水がめを運んでいる男に出会う。その人が入る家までついて行き、
一一　家の主人にはこう言いなさい。『先生が、「弟子たちと一緒に過越の食事をする部屋はどこか」とあなたに言っています。』
一二　すると、席の整った二階の広間を見せてくれるから、そこに準備をしておきなさい。」
一三　二人が行ってみると、イエスが言われたとおりだったので、過越の食事を準備した。

◆主の晩餐

一四　時刻になったので、イエスは食事の席に着かれたが、使徒たちも一緒だった。
一五　イエスは言われた。「苦しみを受ける前に、あなたがたと共にこの過越の食事をしたいと、わたしは切に願っていた。
一六　言っておくが、神の国で過越が成し遂げられるまで、わたしは決してこの過越の食事をとることはない。」
一七　そして、イエスは杯を取り上げ、感謝の祈りを唱えてから言われた。「これを取り、互いに回して飲みなさい。
一八　言っておくが、神の国が来るまで、わたしは今後ぶどうの実から作ったものを飲むことは決してあるまい。」

一九　それから、イエスはパンを取り、感謝の祈りを唱えて、それを裂き、使徒たちに与えて言われた。「これは、あなたがたのために与えられるわたしの体である。わたしの記念としてこのように行いなさい。」
二〇　食事を終えてから、杯も同じようにして言われた。「この杯は、あなたがたのために流される、わたしの血による新しい契約である。
二一　しかし、見よ、わたしを裏切る者が、わたしと一緒に手を食卓に置いている。
二二　人の子は、定められたとおり去って行く。だが、人の子を裏切るその者は不幸だ。」
二三　そこで使徒たちは、自分たちのうち、いったいだれが、そんなことをしようとしているのかと互いに議論をし始めた。

一九節に注目してください。「これは、あなたがたのために与えられるわたしの体である」。キリストはこの言葉によって、「これは」＝パン＝「私の体」であるということを自ら宣言します。

③キリストは同じ行いを継続するよう弟子たちに命じました。同じく一九節の後半です。「わたしの記念としてこのように行いなさい」

④弟子たちは命令されたとおり、同じ行いをしました。

使徒言行録第二章四二―四七節

四二　彼らは、使徒の教え、相互の交わり、パンを裂くこと、祈ることに熱心であった。

◆信者の生活
四三　すべての人に恐れが生じた。使徒たちによって多くの不思議な業としるしが行われていたのである。
四四　信者たちは皆一つになって、すべての物を共有にし、
四五　財産や持ち物を売り、おのおのの必要に応じて、皆がそれを分け合った。
四六　そして、毎日ひたすら心を一つにして神殿に参り、家ごとに集まってパンを裂き、喜びと真心をもって一緒に食事をし、
四七　神を賛美していたので、民衆全体から好意を寄せられた。こうして、主は救われる人々を日々仲間に加え一つにされたのである。

四六節がそのことを証言していますね。まだあります。コリントの信徒への手紙（一）第一〇章一六―一七節です。

一六　わたしたちが神を賛美する賛美の杯は、キリストの血にあずかることではないか。わたしたちが裂くパンは、キリストの体にあずかることではないか。
一七　パンは一つだから、わたしたちは大勢でも一つの体です。皆が一つのパンを分けて食べるからです。

まだまだあります。コリントの信徒への手紙（一）第一一章二三―三四節です。

◆主の晩餐の制定
二三　わたしがあなたがたに伝えたことは、わたし自身、主から受けたものです。すなわち、主イエスは、引き渡される夜、パンを取り、
二四　感謝の祈りをささげてそれを裂き、「これは、あなたがたのためのわたしの体である。わたしの記念としてこのように行いなさい」と言われました。

二五　また、食事の後で、杯も同じようにして、「この杯は、わたしの血によって立てられる新しい契約である。飲む度に、わたしの記念としてこのように行いなさい」と言われました。
二六　だから、あなたがたは、このパンを食べこの杯を飲むごとに、主が来られるときまで、主の死を告げ知らせるのです。
◆主の晩餐にあずかるには
二七　従って、ふさわしくないままで主のパンを食べたり、その杯を飲んだりする者は、主の体と血に対して罪を犯すことになります。
二八　だれでも、自分をよく確かめたうえで、そのパンを食べ、その杯から飲むべきです。
二九　主の体のことをわきまえずに飲み食いする者は、自分自身に対する裁きを飲み食いしているのです。
三〇　そのため、あなたがたの間に弱い者や病人がたくさんおり、多くの者が死んだのです。
三一　わたしたちは、自分をわきまえていれば、裁かれはしません。
三二　裁かれるとすれば、それは、わたしたちが世と共に罪に定められることがないようにするための、主の懲らしめなのです。
三三　わたしの兄弟たち、こういうわけですから、食事のために集まるときには、互いに待ち合わせなさい。
三四　空腹の人は、家で食事を済ませなさい。裁かれるために集まる、というようなことにならないために。その他のことについては、わたしがそちらに行ったときに決めましょう。

⑤こうして現代の教会はミサによって同じ行いを継続させています。

ミサのことが少し理解できたでしょうか。次回はキリストの約束について研究します。少し長くなりますが、一番大切なところです。ですから、今日はこれで一休みしましょう。この世のパンを食べ、この世のぶどう酒を飲んでぐっすりとお休みください。

## 第十二話　キリストの約束（ヨハネ第六章）

（一）キリストの体＝永遠の命のパン

　キリストは自分自身の体を永遠の命のパンとして、人間に与える約束をしました。ここが一番大切で一番すばらしい箇所だと思います。これが旧約（古い約束）に代わる新約（新しい約束）です。もしヨハネがこの第六章を書かなかったならば、ミサを説明するのにどこを読んだらよいか分からなかったでしょう。まずはヨハネ第六章の概要を説明します。

・二二―三二節　あなたたちは毎日食べます。それでも直ぐ無くなります。無くなるもののためではなく、永遠の命に至る食べ物のために働きなさい。
・三三―四〇節　永遠の命は本当の教えです。
・三三節、四一節　これは天から下ったパンです。
・三五節、三六節、四〇節、四七節　それを信じてください。
・三七節、三九節、四四節、四五節　信仰は神の恵みです。

　キリストはこの教えを人々に信じさせるため、言葉を発する前に二つの奇跡を行います。「パンを増やす奇跡」と「湖の上を歩く奇跡」です。これが一―二一節に書かれています。

　しかしその後、多くの失敗があります。

・一般のユダヤ人たちの反応

四一―五一節　天から下った？　あれはヨセフの息子ではないか。
五二―五九節　私の肉？　人食い人種ではないか。
・一般の弟子たちの反応
六〇―六六節　信じがたい。
・十二使徒たちの反応
六七―七一節　信じた。しかし一人ユダだけは信じなかった。

それでは、少々長いですがヨハネ第六章を全部読んでください。

（二）ヨハネ第六章

◆五千人に食べ物を与える

一　その後、イエスはガリラヤ湖、すなわちティベリアス湖の向こう岸に渡られた。
二　大勢の群衆が後を追った。イエスが病人たちになさったしるしを見たからである。
三　イエスは山に登り、弟子たちと一緒にそこにお座りになった。
四　ユダヤ人の祭りである過越祭が近づいていた。
五　イエスは目を上げ、大勢の群衆が御自分の方へ来るのを見て、フィリポに、「この人たちに食べさせるには、どこでパンを買えばよいだろうか」と言われたが、
六　こう言ったのはフィリポを試みるためであって、御自分では何をしようとしているか知っておられたのである。
七　フィリポは、「めいめいが少しずつ食べるためにも、二百デナリオン分のパンでは足りないでしょう」と答えた。

八 弟子の一人で、シモン・ペトロの兄弟アンデレが、イエスに言った。
九 「ここに大麦のパン五つと魚二匹とを持っている少年がいます。けれども、こんなに大勢の人で
は、何の役にも立たないでしょう。」
一〇 イエスは、「人々を座らせなさい」と言われた。そこには草がたくさん生えていた。男たちはそこ
に座ったが、その数はおよそ五千人であった。
一一 さて、イエスはパンを取り、感謝の祈りを唱えてから、座っている人々に分け与えられた。また、
魚も同じようにして、欲しいだけ分け与えられた。
一二 人々が満腹したとき、イエスは弟子たちに、「少しも無駄にならないように、残ったパンの屑を集
めなさい」と言われた。
一三 集めると、人々が五つの大麦パンを食べて、なお残ったパンの屑で、十二の籠がいっぱいになった。
一四 そこで、人々はイエスのなさったしるしを見て、「まさにこの人こそ、世に来られる預言者であ
る」と言った。
一五 イエスは、人々が来て、自分を王にするために連れて行こうとしているのを知り、ひとりでまた山
に退かれた。

◆湖の上を歩く

一六 夕方になったので、弟子たちは湖畔へ下りて行った。
一七 そして、舟に乗り、湖の向こう岸のカファルナウムに行こうとした。既に暗くなっていたが、イエ
スはまだ彼らのところには来ておられなかった。
一八 強い風が吹いて、湖は荒れ始めた。
一九 二五ないし三十スタディオンばかり漕ぎ出したころ、イエスが湖の上を歩いて舟に近づいて来られる
のを見て、彼らは恐れた。

二〇　イエスは言われた。「わたしだ。恐れることはない。」
二一　そこで、彼らはイエスを舟に迎え入れようとした。すると間もなく、舟は目指す地に着いた。

◆イエスは命のパン

二二　その翌日、湖の向こう岸に残っていた群衆は、そこには小舟が一そうしかなかったこと、また、イエスは弟子たちと一緒に舟に乗り込まれず、弟子たちだけが出かけたことに気づいた。
二三　ところが、ほかの小舟が数そうティベリアスから、主が感謝の祈りを唱えられた後に人々がパンを食べた場所へ近づいて来た。
二四　群衆は、イエスも弟子たちもそこにいないと知ると、自分たちもそれらの小舟に乗り、イエスを捜し求めてカファルナウムに来た。
二五　そして、湖の向こう岸でイエスを見つけると、「ラビ、いつ、ここにおいでになったのですか」と言った。
二六　イエスは答えて言われた。「はっきり言っておく。あなたがたがわたしを捜しているのは、しるしを見たからではなく、パンを食べて満腹したからだ。
二七　朽ちる食べ物のためではなく、いつまでもなくならないで、永遠の命に至る食べ物のために働きなさい。これこそ、人の子があなたがたに与える食べ物である。父である神が、人の子を認証されたからである。」
二八　そこで彼らが、「神の業を行うためには、何をしたらよいでしょうか」と言うと、
二九　イエスは答えて言われた。「神がお遣わしになった者を信じること、それが神の業である。」
三〇　そこで、彼らは言った。「それでは、わたしたちが見てあなたを信じることができるように、どんなしるしを行ってくださいますか。どのようなことをしてくださいますか。
三一　わたしたちの先祖は、荒れ野でマンナを食べました。『天からのパンを彼らに与えて食べさせた』と書いてあるとおりです。」

三二　すると、イエスは言われた。「はっきり言っておく。モーセが天からのパンをあなたがたに与えたのではなく、わたしの父が天からのまことのパンをお与えになる。
三三　神のパンは、天から降って来て、世に命を与えるものである。」
三四　そこで、彼らが、「主よ、そのパンをいつもわたしたちにください」と言うと、
三五　イエスは言われた。「わたしが命のパンである。わたしのもとに来る者は決して飢えることがなく、わたしを信じる者は決して渇くことがない。
三六　しかし、前にも言ったように、あなたがたはわたしを見ているのに、信じない。
三七　父がわたしにお与えになる人は皆、わたしのところに来る。わたしのもとに来る人を、わたしは決して追い出さない。
三八　わたしが天から降って来たのは、自分の意志を行うためではなく、わたしをお遣わしになった方の御心を行うためである。
三九　わたしをお遣わしになった方の御心とは、わたしに与えてくださった人を一人も失わないで、終わりの日に復活させることである。
四〇　わたしの父の御心は、子を見て信じる者が皆永遠の命を得ることであり、わたしがその人を終わりの日に復活させることだからである。」
四一　ユダヤ人たちは、イエスが「わたしは天から降って来たパンである」と言われたので、イエスのことでつぶやき始め、
四二　こう言った。「これはヨセフの息子のイエスではないか。我々はその父も母も知っている。どうして今、『わたしは天から降って来た』などと言うのか。」
四三　イエスは答えて言われた。「つぶやき合うのはやめなさい。
四四　わたしをお遣わしになった父が引き寄せてくださらなければ、だれもわたしのもとへ来ることはで

四五　きない。わたしはその人を終わりの日に復活させる。
預言者の書に、『彼らは皆、神によって教えられる』と書いてある。父から聞いて学んだ者は皆、
わたしのもとに来る。
四六　父を見た者は一人もいない。神のもとから来た者だけが父を見たのである。
四七　はっきり言っておく。信じる者は永遠の命を得ている。
四八　わたしは命のパンである。
四九　あなたたちの先祖は荒れ野でマンナを食べたが、死んでしまった。
五〇　しかし、これは、天から降って来たパンであり、これを食べる者は死なない。
五一　わたしは、天から降って来た生きたパンである。このパンを食べるならば、その人は永遠に生き
る。わたしが与えるパンとは、世を生かすためのわたしの肉のことである。」
五二　それで、ユダヤ人たちは、「どうしてこの人は自分の肉を我々に食べさせることができるのか」と、互
いに激しく議論し始めた。
五三　イエスは言われた。「はっきり言っておく。人の子の肉を食べ、その血を飲まなければ、あなたた
ちの内に命はない。
五四　わたしの肉を食べ、わたしの血を飲む者は、永遠の命を得、わたしはその人を終わりの日に復活さ
せる。
五五　わたしの肉はまことの食べ物、わたしの血はまことの飲み物だからである。
五六　わたしの肉を食べ、わたしの血を飲む者は、いつもわたしの内におり、わたしもまたいつもその人
の内にいる。
五七　生きておられる父がわたしをお遣わしになり、またわたしが父によって生きるように、わたしを食べる者
もわたしによって生きる。

五八　これは天から降って来たパンである。先祖が食べたのに死んでしまったようなものとは違う。このパンを食べる者は永遠に生きる。」
五九　これらは、イエスがカファルナウムの会堂で教えていたときに話されたことである。

◆永遠の命の言葉

六〇　ところで、弟子たちの多くの者はこれを聞いて言った。「実にひどい話だ。だれが、こんな話を聞いていられようか。」
六一　イエスは、弟子たちがこのことについてつぶやいているのに気づいて言われた。「あなたがたはこのことにつまずくのか。
六二　それでは、人の子がもといた所に上るのを見るならば……。
六三　命を与えるのは〝霊〟である。肉は何の役にも立たない。わたしがあなたがたに話した言葉は霊であり、命である。
六四　しかし、あなたがたのうちには信じない者たちもいる。」イエスは最初から、信じない者たちがだれであるか、また、御自分を裏切る者がだれであるかを知っておられたのである。
六五　そして、言われた。「こういうわけで、わたしはあなたがたに、『父からお許しがなければ、だれもわたしのもとに来ることはできない』と言ったのだ。」
六六　このために、弟子たちの多くが離れ去り、もはやイエスと共に歩まなくなった。
六七　そこで、イエスは十二人に、「あなたがたも離れて行きたいか」と言われた。
六八　シモン・ペトロが答えた。「主よ、わたしたちはだれのところへ行きましょうか。あなたは永遠の命の言葉を持っておられます。
六九　あなたこそ神の聖者であると、わたしたちは信じ、また知っています。」
七〇　すると、イエスは言われた。「あなたがた十二人は、わたしが選んだのではないか。ところが、その中の一人は悪魔だ。」

七一　イスカリオテのシモンの子ユダのことを言われたのである。このユダは、十二人の一人でありながら、イエスを裏切ろうとしていた。

これを今度は細かく見てみます。

①　一―一五節

キリストは奇跡によってパンを増やします。キリストは自分の言葉を信じさせるため、大切な教えの前には奇跡を行いました。ヨハネの場合、いつもまず最初に奇跡があり、その後に教えがあります。パンを増やすことで、物的なものから霊的なものへと移行する準備をしたのです。

②　一六―二一節

キリストは弟子たちに対して特別な奇跡を行います。これら二つの奇跡を行った後、キリストは自分の教えを始めたのです。

③　二二―三二節

ここでは二七節が最も大切な教えです。即ち、「もっといいもののために働いてください」という部分です。ユダヤ人はキリストを自分の国の王にしたいと望みました。そうすれば食物に関して心配ないからです。しかしキリストはこのようなユダヤ人の考えを否定します。

④　三三―四〇節

ここが教えの中心です。第一の出発点は「神の恵み」です。それについては二箇所あります。三七節と三九節です。ここから信仰が生まれます。即ち、父からの恵みとして「信仰」があり、その結果として「永遠の命」がある、とキリストは教えます。

信仰については、三五節、三六節、四〇節を読んでください。この部分を理解するためには三三節「このパンは神のパンだ」、三八節「このパンは天から下ったパンだ」、三五節「このパンはわたしだ」、三三節、三五節、四〇節「これを食べる人は今から永遠の命を得る」というのがキリストの教えです。その中でも一番大切な箇所は三九節、四〇節です。

⑤　四一―五一節

ここで初めてキリストは自分の肉について語ります。人びとはきっとびっくりしたことでしょう。ここでもまず出発点は神の恵みです。信仰はわたしたちの行いではありません。最初に働くのはわたしたちではなく、神から始まります。その神のおかげさまで私たちは信仰を持つことができます。世の終わりについては四四節に述べられています。

四七節、四八節、五〇節、五一節では、信仰は永遠の命を得ると語られています。これはわたしの肉です。これを食べてください。食べるならその結果として「永遠の命」があります、とキリストは説きます。

⑥　五二―五九節

ここには神の恵みと信仰については語られていません。その代わり、「わたしの血と肉」、「永遠の命」について繰り返し述べられています。世の終わりについては五四節です。

⑦　六〇―六六節

神の恵みについて一番良く語られている箇所は六五節です。六三節は永遠の命について、「それは霊的な食べ物です」と説明します。これは自分の肉を霊的に与えるという意味です。

⑧　六七―七一節

信仰と永遠の命について語られた箇所です。

そろそろまとめに入ります。キリストの言葉、教えにたいして、一般のユダヤ人、一般の弟子たち、十二人の使徒たちとで、それぞれ反応が異なります。一般のユダヤ人は「あなたは天から下っていない、ヨセフの息子だ」という反応でした。

「わたしの肉を食べろ」といわれたとき、わたしたちも信じるでしょうか。一般の弟子たちも信じることは困難だったようです。それではなぜカトリック教徒たちは今それを信じているのでしょうか。カトリック教徒たちがこのことを信じることができるのは神の恵みがあるからでしょう。その意味で、カトリック教徒たちは神に感謝しています。

①～⑧で見てきたように、キリストは自分を人びとに与える約束をしました。次回はその約束を果たしたことについて学びます。これも理解するのに極めて困難な箇所です。

リシャール神父のぼやき「あいつは、若いころひどいいたずらぼうずだった。それが今は神父だなんて信じられない、と生まれ故郷に帰るとみんなからそういわれます。人は生まれ故郷で生きていくのは難しいです。キリストも生まれ故郷では、あいつは大工の息子だ、天から下ってはいないといわれていましたね」

私は高校時代から学生時代をとおしてずっと、ちゃらんぽらんな若造でした。成績もとても悪くて、大学も二浪してようやく入れましたし、大学院の入試にも一度失敗しました。だから今大学でフランス語を教えているなどと、まして今、文学部長だなどと、だれも信じません。「ふん、あいつがねえ・・・ほんとかいな」です。仕方ありません。洗礼を受ければ昔の生活はすべて白紙に戻るのですが。でもそれは自分だけのこと。人は信じてくれません。相変わらず、「昔のあいつは」です。ですから、私はよほど親しい旧友にしか今の私のことを話しません。

もう昔のことはきれいさっぱり忘れて、今日は一休みしようではありませんか。次回は約束の実現について学びます。

# 第十三話　約束の実現

キリストは最後の晩餐のとき、その約束を果たします。最後の晩餐には二つの食事がありました。（一）昔からあった食事（ルカ第二二章七―一八節）と（二）キリストが始めた新しい食事（ルカ第二二章一九―二〇節）です。ここでまず、ルカ第二二章七―一八節を読んでください。

七　過越の小羊を屠るべき除酵祭の日が来た。
八　イエスはペトロとヨハネとを使いに出そうとして、「行って過越の食事ができるように準備しなさい」と言われた。
九　二人が、「どこに用意いたしましょうか」と言うと、
一〇　イエスは言われた。「都に入ると、水がめを運んでいる男に出会う。その人が入る家までついて行き、
一一　家の主人にはこう言いなさい。『先生が、「弟子たちと一緒に過越の食事をする部屋はどこか」とあなたに言っています。』
一二　すると、席の整った二階の広間を見せてくれるから、そこに準備をしておきなさい。」
一三　二人が行ってみると、イエスが言われたとおりだったので、過越の食事を準備した。
◆主の晩餐
一四　時刻になったので、イエスは食事の席に着かれたが、使徒たちも一緒だった。
一五　イエスは言われた。「苦しみを受ける前に、あなたがたと共にこの過越の食事をしたいと、わたしは切に願っていた。
一六　言っておくが、神の国で過越が成し遂げられるまで、わたしは決してこの過越の食事をとることはない。」

一七　そして、イエスは杯を取り上げ、感謝の祈りを唱えてから言われた。「これを取り、互いに回して飲みなさい。

一八　言っておくが、神の国が来るまで、わたしは今後ぶどうの実から作ったものを飲むことは決してあるまい。」

（一）昔からあった食事（過越の食事）

冒頭から「過越の子羊」というものが出てきます。これを理解するには、出エジプト記第一二章一節―第一三章一九節を読む必要があります。

ここでは簡単にそのあらすじを示します。

①過越の子羊

主はモーセとアロンに言われた・・・子羊を一匹用意しなければならない・・・イスラエルの共同体の会衆が皆で夕暮れにそれを屠り、その血を取って、子羊を食べる家の入り口の二本の柱と鴨居に塗る。・・・これが主の過越である。その夜、わたしはエジプトの国を巡り、人であれ、家畜であれ、エジプトの国のすべての初子を撃つ。・・・あなたたちのいる家に塗った血は、あなたたちのしるしとなる。血を見たならば、わたしはあなたたちを過ぎ越す。わたしがエジプトの国を撃つとき、滅ぼす者の災いはあなたたちには及ばない。

②エジプトの初子の死

真夜中になって、主はエジプトの国のすべての初子を撃たれた。・・・ファラオはモーセとアロンを夜のうちに呼び出して言った。「さあ、わたしの民の中から出て行くがよい、・・・」エジプト人は民をせきたてて、急いで国から去らせようとした。そうしないと自分たちは皆、死んでしまうと思ったからである。・・・

③エジプトの国を去る
「あなたたちは、奴隷の家、エジプトから出たこの日を記念しなさい。主が力強い御手をもって、あなたたちをそこから導き出されたからである。」

④紅海を歩いて渡る
次に出エジプト記第一三章二〇―第一四章三一節まで読んでください。ここでは⑤で簡単にあらすじを記します。

⑤火の柱、雲の柱
主は彼らに先立って進み、昼は雲の柱をもって導き、夜は火の柱をもって彼らを照らされたので、・・・

⑥ファラオの進撃
民が逃亡したとの報告を受けると、エジプト王ファラオとその家臣は、民に対する考えを一変して言った。「ああ我々は何ということをしたのだろう。イスラエル人を労役から解放して去らせてしまったとは。」・・・イスラエルの人々が目を上げて見ると、エジプト軍は既に背後から襲いかかろうとしていた。・・・「恐れてはならない。落ち着いて、今日、あなたたちのために行われる主の救いを見なさい。・・・」

⑦海中の大道
モーセが手を海に向かって差し伸べると、主は夜もすがら激しい東風をもって海を押し返されたので、海は乾いた地に変わり、水は別れた。イスラエルの人々は海の中の乾いた所を進んで行き、水は彼らの右と左に壁

のようになった。・・・主はこうして、その日、イスラエルをエジプト人の手から救われた。・・・

以上が過越についての簡単な描写です。次に新しい食事（最後の晩餐）について学びます。

（二）新しい食事＝新しい過越の食事（最後の晩餐）

どのような言葉でキリストは自分自身を与える約束を果たしたでしょうか。ルカ第二二章一九―二〇節を読んでください。

一九　それから、イエスはパンを取り、感謝の祈りを唱えて、それを裂き、使徒たちに与えて言われた。「これは、あなたがたのために与えられるわたしの体である。わたしの記念としてこのように行いなさい。」

二〇　食事を終えてから、杯も同じようにして言われた。「この杯は、あなたがたのために流される、わたしの血による新しい契約である。

そろそろまとめに入ります。キリストは最初に言葉で、パンを自分自身だと宣言します。キリストは最初に言葉で、ぶどう酒を自分自身だと宣言します。これに対する使徒たちの反応は聖書には書かれていませんが、彼らはきっとそれを信じて食べたり飲んだりしたのでしょう。これが最後の晩餐の食事です。ところでこれまで何度も「過越」という言葉が使われましたが、ここでその意味を整理します。

（A）昔の過越

第一の過越　神の力でイスラエル人は救われました。

第二の過越　神の力でイスラエル人はエジプトからエルサレムまで行きました。

（B）今の過越

キリストによる十字架から復活までの過越です。それによって、結果として私たちの過越があります。即ち、罪びとからいい人になる過越です。

新約の意味を知る前に、旧約を知ることは大切です。言い換えれば、旧約は新約を理解させるためのものです。旧約は象徴的な意味を持っています。モーセはイスラエル人を解放するためエルサレムへ行きます。しかし条件がありました。それが「過越」です。次の表は過越にかんして旧約と新約の象徴的な関係を示すものです。

| 旧約 | 新約 |
|---|---|
| エジプト | 罪 |
| イスラエル人 | 人間 |
| モーセ | キリスト |
| 過越 | 十字架 |
| 火の柱で導く | キリストの教えで導く |
| 紅海 | 洗礼 |
| マンナ | 聖体 |
| 十戒 | 愛 |
| エルサレム | 神の国 |

モーセはエジプトからイスラエル人を、過越、火の柱、紅海、マンナ、十戒をとおしてエルサレムへ導きました。キリストは人間を、十字架、その教え、洗礼、聖体、愛をとおして神の国へ導くのです。十戒は愛の精神に基づいています。そして小さな掟はすべて愛の精神に基づいているといえます。キリストの掟は十もありません。たった一つ、愛なのです。この表でもお分かりのように、人間は自分自身の力では神の国に行くことはできません。

それでは、最後の晩餐に思いをはせながら、今夜もこの世のパンとこの世のぶどう酒で一休みしましょう。それが「今日のあなたの取り分」なのですから。この言葉は旧約聖書のどこかで見つけました。パリで聖書の勉強をしていた時、夜寝る前に私はこの言葉を思い出し、「これが今日の私の取り分だ」とつぶやきながら安いワインを飲んでいたものです。次回はミサについて学びます。

## 第十四話　ミサの構造

ミサとは十字架と復活を意味します。つまり「キリストが、自分を、神に、人間のため、捧げること」です。また、教会＝キリストであるということを前回研究したように、「教会が、パンを、神に、人のため、捧げること」とも解釈できます。

最後の晩餐とミサの関係について簡単に説明します。最後の晩餐とは十字架に先立った行いです。そしてミサは最後の晩餐と同じ行いです。ただし、これは十字架の後の行いです。

次にミサの構成について図式します。

ミサ
- 開催の儀
- （Ⅰ）聖祭の準備の部
  （昔は、キリスト信者でない人はここまでしか参加できませんでした。そこで司祭はラテン語で　ita missa est「出て行ってください」といっていました。ここからミサというようになりました。）
  - 心の準備（祈り＝改心）
  - 頭の準備（教え＝言葉の典礼）
- （Ⅱ）聖祭そのもの
  - 聖体を捧げる
    - 奉納
    - 序章
    - 奉献文
    - 聖変化
  - 聖体を拝領する
- 閉祭の儀

このように、ミサは大きく（Ⅰ）と（Ⅱ）に別れています。もう少し詳しく説明します。

（Ⅰ）聖祭の準備の部＝言葉の交わりともいわれます。これは神と個人が心で話し合う時間です。この行いは祈りとも呼ばれます。特に、自分が犯した罪に対する痛悔の祈りを行います。次に神が私たちに答えます。これが教えです。具体的には、旧約聖書、新約聖書の朗読と司祭の説教から成っています。

（Ⅱ）聖祭そのもの＝行いの交わりです。神に捧げた聖体をここで拝領します。まず、わたしたちが神に聖体（キリスト）を捧げます。これは十字架と復活の行いの再現です。次に神がわたしたちに聖体（キリスト）を与えてくれます。この聖体拝領によって、最後の晩餐の再現を行います。ここが一番重要です。（Ⅰ）は（Ⅱ）に至るまでの心の準備の時間でしかありません。


以上がミサの構造とその意味です。キリストの信者でない方も、現代ではミサの全ての部に参加することができます。「信者でない人は出て行って下さい」とはいわれません。安心して座っていればよいのです。但し、聖体拝領だけはだめです。

カトリックは一つといわれています。そのため、外国でもミサの流れは全く同じです。ですからミサだけは何の違和感もなく与ることができます。ただ聖体拝領に用いられるパンの大きさや固さ、色などがときどき場所によって違います。

ミサの終わり頃、「平和の挨拶」というものがあります。日本では後ろの人、前の人、隣の人に向かって、「主の平和」と言葉を掛け合って会釈をします。フランスの教会では、同じように前後左右の人に向かって「キリストの平和」といいながら、にっこりと笑って、知らない者同士でも握手をするのです。あのつんとすましたフランス人がこの時ばかりは、実に愛想よく、にっこりと笑って握手します。親しい者同士ですと、お互い頬にキスもします。私はこれが楽しみで、できるだけ女性の傍に席を取っていました。不謹慎な話で申し訳ありません。

今日は短い話でした。物足りないかもしれませんが、これでそろそろ終わりにしませんか、どうか。次回は教会の創立について研究します。

リシャール神父「ミサについて研究することは難しい。命令でミサに来てくださいというのはやさしいのに・・・」

# 第十五話　教会の創立

キリストの重大な行いは「十字架と復活」です。これを教えるために聖書があります。ところで、キリストと同じ行いを教会はしています。教会におけるミサはキリストの「十字架と復活」です。キリストも自分の弟子たちに生前、長い時間をかけて「十字架と復活」を教えました。

（一）教会創立の準備

キリストは公生活の初めから、教会を立てる意図がありました。マタイ第九章三五節―第一〇章四節を読んでください。

◆群衆に同情する

三五　イエスは町や村を残らず回って、会堂で教え、御国の福音を宣べ伝え、ありとあらゆる病気や患いをいやされた。

三六　また、群衆が飼い主のいない羊のように弱り果て、打ちひしがれているのを見て、深く憐れまれた。

三七　そこで、弟子たちに言われた。「収穫は多いが、働き手が少ない。

三八　だから、収穫のために働き手を送ってくださるように、収穫の主に願いなさい。」

◆十二人を選ぶ

一　イエスは十二人の弟子を呼び寄せ、汚れた霊に対する権能をお授けになった。汚れた霊を追い出し、あらゆる病気や患いをいやすためであった。

二　十二使徒の名は次のとおりである。まずペトロと呼ばれるシモンとその兄弟アンデレ、ゼベダイの子ヤコブとその兄弟ヨハネ、

三　フィリポとバルトロマイ、トマスと徴税人のマタイ、アルファイの子ヤコブとタダイ、
四　熱心党のシモン、それにイエスを裏切ったイスカリオテのユダである。

マルコ第三章三―一九節にも同じような箇所があります。

三　イエスは手の萎えた人に、「真ん中に立ちなさい」と言われた。
四　そして人々にこう言われた。「安息日に律法で許されているのは、善を行うことか、悪を行うことか。命を救うことか、殺すことか。」彼らは黙っていた。
五　そこで、イエスは怒って人々を見回し、彼らのかたくなな心を悲しみながら、その人に、「手を伸ばしなさい」と言われた。伸ばすと、手は元どおりになった。
六　ファリサイ派の人々は出て行き、早速、ヘロデ派の人々と一緒に、どのようにしてイエスを殺そうかと相談し始めた。

◆湖の岸辺の群衆

七　イエスは弟子たちと共に湖の方へ立ち去られた。ガリラヤから来たおびただしい群衆が従った。また、ユダヤ、
八　エルサレム、イドマヤ、ヨルダン川の向こう側、ティルスやシドンの辺りからもおびただしい群衆が、イエスのしておられることを残らず聞いて、そばに集まって来た。
九　そこで、イエスは弟子たちに小舟を用意してほしいと言われた。群衆に押しつぶされないためである。
一〇　イエスが多くの病人をいやされたので、病気に悩む人たちが皆、イエスに触れようとして、そばに押し寄せたからであった。
一一　汚れた霊どもは、イエスを見るとひれ伏して、「あなたは神の子だ」と叫んだ。
一二　イエスは、自分のことを言いふらさないようにと霊どもを厳しく戒められた。

◆十二人を選ぶ

一三　イエスが山に登って、これと思う人々を呼び寄せられると、彼らはそばに集まって来た。
一四　そこで、十二人を任命し、使徒と名付けられた。彼らを自分のそばに置くため、また、派遣して宣教させ、
一五　悪霊を追い出す権能を持たせるためであった。
一六　こうして十二人を任命された。シモンにはペトロという名を付けられた。
一七　ゼベダイの子ヤコブとヤコブの兄弟ヨハネ、この二人にはボアネルゲス、すなわち、「雷の子ら」
という名を付けられた。
一八　アンデレ、フィリポ、バルトロマイ、マタイ、トマス、アルファイの子ヤコブ、タダイ、熱心党のシモン、
一九　それに、イスカリオテのユダ。このユダがイエスを裏切ったのである。

ルカ第五章一―一一節も読んでください。

◆漁師を弟子にする

一　イエスがゲネサレト湖畔に立っておられると、神の言葉を聞こうとして、群衆がその周りに押し寄
せて来た。
二　イエスは、二そうの舟が岸にあるのを御覧になった。漁師たちは、舟から上がって網を洗っていた。
三　そこでイエスは、そのうちの一そうであるシモンの持ち舟に乗り、岸から少し漕ぎ出すようにお頼
みになった。そして、腰を下ろして舟から群衆に教え始められた。
四　話し終わったとき、シモンに、「沖に漕ぎ出して網を降ろし、漁をしなさい」と言われた。
五　シモンは、「先生、わたしたちは、夜通し苦労しましたが、何もとれませんでした。しかし、お言
葉ですから、網を降ろしてみましょう」と答えた。
六　そして、漁師たちがそのとおりにすると、おびただしい魚がかかり、網が破れそうになった。

七　そこで、もう一そうの舟にいる仲間に合図して、来て手を貸してくれるように頼んだ。彼らは来て、二そうの舟を魚でいっぱいにしたので、舟は沈みそうになった。
八　これを見たシモン・ペトロは、イエスの足もとにひれ伏して、「主よ、わたしから離れてください。わたしは罪深い者なのです」と言った。
九　とれた魚にシモンも一緒にいた者も皆驚いたからである。
一〇　シモンの仲間、ゼベダイの子のヤコブもヨハネも同様だった。すると、イエスはシモンに言われた。「恐れることはない。今から後、あなたは人間をとる漁師になる。」
一一　そこで、彼らは舟を陸に引き上げ、すべてを捨ててイエスに従った。

①教会を設立するに当たって、最初はキリストの弟子たち全員ではなく、まず十二人を選びます。この十二人がキリストの使徒たちです。キリストが生きていた時代、一番いいときでキリストの周りには約五千人の弟子たちがいました。その後、カファルナウムでの教え以降、ほとんどの弟子たちは去り、十二人だけが残ります。リシャール神父「だから信者さんたちに、キリストの十二人の使徒たちと同じように生活してください、という訳にはいきません。信者全員と十二人とは責任の重さが違います。十二人は特に責任が大きいのです」

②次は養成の段階です。マタイ第一〇章五―四二節を読んでください。

◆十二人を派遣する

五　イエスはこの十二人を派遣するにあたり、次のように命じられた。「異邦人の道に行ってはならない。また、サマリア人の町に入ってはならない。
六　むしろ、イスラエルの家の失われた羊のところへ行きなさい。
七　行って、『天の国は近づいた』と宣べ伝えなさい。

八　病人をいやし、死者を生き返らせ、重い皮膚病を患っている人を清くし、悪霊を追い払いなさい。ただで受けたのだから、ただで与えなさい。
九　帯の中に金貨も銀貨も銅貨も入れて行ってはならない。
一〇　旅には袋も二枚の下着も、履物も杖も持って行ってはならない。働く者が食べ物を受けるのは当然である。
一一　町や村に入ったら、そこで、ふさわしい人はだれかをよく調べ、旅立つときまで、その人のもとにとどまりなさい。
一二　その家に入ったら、『平和があるように』と挨拶しなさい。
一三　家の人々がそれを受けるにふさわしければ、あなたがたの願う平和は彼らに与えられる。もし、ふさわしくなければ、その平和はあなたがたに返ってくる。
一四　あなたがたを迎え入れもせず、あなたがたの言葉に耳を傾けようともしない者がいたら、その家や町を出て行くとき、足の埃を払い落としなさい。
一五　はっきり言っておく。裁きの日には、この町よりもソドムやゴモラの地の方が軽い罰で済む。」

◆迫害を予告する

一六　「わたしはあなたがたを遣わす。それは、狼の群れに羊を送り込むようなものだ。だから、蛇のように賢く、鳩のように素直になりなさい。
一七　人々を警戒しなさい。あなたがたは地方法院に引き渡され、会堂で鞭打たれるからである。
一八　また、わたしのために総督や王の前に引き出されて、彼らや異邦人に証しをすることになる。
一九　引き渡されたときは、何をどう言おうかと心配してはならない。そのときには、言うべきことは教えられる。
二〇　実は、話すのはあなたがたではなく、あなたがたの中で語ってくださる、父の霊である。

二一　兄弟は兄弟を、父は子を死に追いやり、子は親に反抗して殺すだろう。

二二　また、わたしの名のために、あなたがたはすべての人に憎まれる。しかし、最後まで耐え忍ぶ者は救われる。

二三　一つの町で迫害されたときは、他の町へ逃げて行きなさい。はっきり言っておく。あなたがたがイスラエルの町を回り終わらないうちに、人の子は来る。

二四　弟子は師にまさるものではなく、僕は主人にまさるものではない。

二五　弟子は師のように、僕は主人のようになれば、それで十分である。家の主人がベルゼブルと言われるのなら、その家族の者はもっとひどく言われることだろう。」

◆恐るべき者

二六　「人々を恐れてはならない。覆われているもので現されないものはなく、隠されているもので知られずに済むものはないからである。

二七　わたしが暗闇であなたがたに言うことを、明るみで言いなさい。耳打ちされたことを、屋根の上で言い広めなさい。

二八　体は殺しても、魂を殺すことのできない者どもを恐れるな。むしろ、魂も体も地獄で滅ぼすことのできる方を恐れなさい。

二九　二羽の雀が一アサリオンで売られているではないか。だが、その一羽さえ、あなたがたの父のお許しがなければ、地に落ちることはない。

三〇　あなたがたの髪の毛までも一本残らず数えられている。

三一　だから、恐れるな。あなたがたは、たくさんの雀よりもはるかにまさっている。」

◆イエスの仲間であると言い表す

三二　「だから、だれでも人々の前で自分をわたしの仲間であると言い表す者は、わたしも天の父の前で、その人をわたしの仲間であると言い表す。
三三　しかし、人々の前でわたしを知らないと言う者は、わたしも天の父の前で、その人を知らないと言う。」

◆平和ではなく剣を
三四　「わたしが来たのは地上に平和をもたらすためだ、と思ってはならない。平和ではなく、剣をもたらすために来たのだ。
三五　わたしは敵対させるために来たからである。人をその父に、／娘を母に、／嫁をしゅうとめに。
三六　こうして、自分の家族の者が敵となる。
三七　わたしよりも父や母を愛する者は、わたしにふさわしくない。わたしよりも息子や娘を愛する者も、わたしにふさわしくない。
三八　また、自分の十字架を担ってわたしに従わない者は、わたしにふさわしくない。
三九　自分の命を得ようとする者は、それを失い、わたしのために命を失う者は、かえってそれを得るのである。」

◆受け入れる人の報い
四〇　「あなたがたを受け入れる人は、わたしを受け入れ、わたしを受け入れる人は、わたしを遣わされた方を受け入れるのである。
四一　預言者を預言者として受け入れる人は、預言者と同じ報いを受け、正しい者を正しい者として受け入れる人は、正しい者と同じ報いを受ける。
四二　はっきり言っておく。わたしの弟子だという理由で、この小さな者の一人に、冷たい水一杯でも飲ませてくれる人は、必ずその報いを受ける。」

養成のため十二人を選んだことは大切です。彼らを宣教に遣わすことが目的でした。「使徒」という言葉の意味は「宣教に遣わす」という意味です。

③使徒を派遣しました。マタイ第一一章一節を読んでください。

一　イエスは十二人の弟子に指図を与え終わると、そこを去り、方々の町で教え、宣教された。

さらに、マルコ第六章七―一三節も併せて読んでください。

七　そして、十二人を呼び寄せ、二人ずつ組にして遣わすことにされた。その際、汚れた霊に対する権能を授け、

八　旅には杖一本のほか何も持たず、パンも、袋も、また帯の中に金も持たず、

九　ただ履物は履くように、そして「下着は二枚着てはならない」と命じられた。

一〇　また、こうも言われた。「どこでも、ある家に入ったら、その土地から旅立つときまで、その家にとどまりなさい。

一一　しかし、あなたがたを迎え入れず、あなたがたに耳を傾けようともしない所があったら、そこを出ていくとき、彼らへの証しとして足の裏の埃を払い落としなさい。」

一二　十二人は出かけて行って、悔い改めさせるために宣教した。

一三　そして、多くの悪霊を追い出し、油を塗って多くの病人をいやした。

キリストは自分の教会を建てる前に、①十二人を選び、②彼らを養成し、③彼らを派遣します。

（二）教会創立の約束

マタイ第一六章一三―二〇節を読んでください。

◆ペトロ、信仰を言い表す
一三 イエスは、フィリポ・カイサリア地方に行ったとき、弟子たちに、「人々は、人の子のことを何者
だと言っているか」とお尋ねになった。
一四 弟子たちは言った。「『洗礼者ヨハネだ』と言う人も、『エリヤだ』と言う人もいます。ほかに、
『エレミヤだ』とか、『預言者の一人だ』と言う人もいます。」
一五 イエスが言われた。「それでは、あなたがたはわたしを何者だと言うのか。」
一六 シモン・ペトロが、「あなたはメシア、生ける神の子です」と答えた。
一七 すると、イエスはお答えになった。「シモン・バルヨナ、あなたは幸いだ。あなたにこのことを現
したのは、人間ではなく、わたしの天の父なのだ。
一八 わたしも言っておく。あなたはペトロ。わたしはこの岩の上にわたしの教会を建てる。陰府の力も
これに対抗できない。
一九 わたしはあなたに天の国の鍵を授ける。あなたが地上でつなぐことは、天上でもつながれる。あな
たが地上で解くことは、天上でも解かれる。」
二〇 それから、イエスは、御自分がメシアであることをだれにも話さないように、と弟子たちに命じら
れた。

一八節「わたしも言っておく。あなたはペトロ。わたしはこの岩の上にわたしの教会を建てる。陰府の力もこれに対抗できない」において、キリストは教会を建てる約束をしました。「ペトロ」、フランス語でピエール、とは「岩」という意味です。ピエール（岩）よ、私はあなた（岩）の上に私の教会を建てるという意味です。「キリストもダジャレを言ったの」

しかしその前の一五節―一六節において、キリストはペトロの信仰について確認します。キリストは「ペト

ロの信仰の上に教会を建てる」という約束をしたことが重要なのです。

一六節「あなたはメシア、生ける神の子です」というペトロの答えに対し、キリストは、「彼はメシアの意味が分かっていない」と思いました。当時のメシアは政治的救い主と考えられていたからです。そこでキリストは一七節で「シモン・バルヨナ、あなたは幸いだ。あなたにこのことを現したのは、人間ではなく、わたしの天の父なのだ。」と彼にいったのです。

マタイ第一六章の続きを読んでください。実に面白いことが書かれています。

◆イエス、死と復活を予告する

二一　このときから、イエスは、御自分が必ずエルサレムに行って、長老、祭司長、律法学者たちから多くの苦しみを受けて殺され、三日目に復活することになっている、と弟子たちに打ち明け始められた。

二二　すると、ペトロはイエスをわきへお連れして、いさめ始めた。「主よ、とんでもないことです。そんなことがあってはなりません。」

二三　イエスは振り向いてペトロに言われた。「サタン、引き下がれ。あなたはわたしの邪魔をする者。神のことを思わず、人間のことを思っている。」

キリストはペトロがメシアについて、誤った考えをしていると思っていたことは先ほど述べたとおりです。その後、キリストは自分の死と復活について語り始めました。二一節です。すると、ペトロはやはりメシアの意味が分かっていなかったので、キリストに反対します。二二節です。そこでキリストは二三節で「サタン、引き下がれ。あなたはわたしの邪魔をする者。神のことを思わず、人間のことを思っている」といったのです。ペトロの答えは表面的には正しかったのですが。

（三）約束を果たす
ヨハネ第二一章一―一七節を読んでください。

◆イエス、七人の弟子に現れる
一　その後、イエスはティベリアス湖畔で、また弟子たちに御自身を現された。その次第はこうである。
二　シモン・ペトロ、ディディモと呼ばれるトマス、ガリラヤのカナ出身のナタナエル、ゼベダイの子たち、それに、ほかの二人の弟子が一緒にいた。
三　シモン・ペトロが、「わたしは漁に行く」と言うと、彼らは、「わたしたちも一緒に行こう」と言った。彼らは出て行って、舟に乗り込んだ。しかし、その夜は何もとれなかった。
四　既に夜が明けたころ、イエスが岸に立っておられた。だが、弟子たちは、それがイエスだとは分からなかった。
五　イエスが、「子たちよ、何か食べる物があるか」と言われると、彼らは、「ありません」と答えた。
六　イエスは言われた。「舟の右側に網を打ちなさい。そうすればとれるはずだ。」そこで、網を打ってみると、魚があまり多くて、もはや網を引き上げることができなかった。
七　イエスの愛しておられたあの弟子がペトロに、「主だ」と言った。シモン・ペトロは「主だ」と聞くと、裸同然だったので、上着をまとって湖に飛び込んだ。
八　ほかの弟子たちは魚のかかった網を引いて、舟で戻って来た。陸から二百ペキスばかりしか離れていなかったのである。
九　さて、陸に上がってみると、炭火がおこしてあった。その上に魚がのせてあり、パンもあった。
一〇　イエスが、「今とった魚を何匹か持って来なさい」と言われた。
一一　シモン・ペトロが舟に乗り込んで網を陸に引き上げると、一五三匹もの大きな魚でいっぱいであった。それほど多くとれたのに、網は破れていなかった。

一二　イエスは、「さあ、来て、朝の食事をしなさい」と言われた。弟子たちはだれも、「あなたはどなたですか」と問いただそうとはしなかった。主であることを知っていたからである。
一三　イエスは来て、パンを取って弟子たちに与えられた。魚も同じようにされた。
一四　イエスが死者の中から復活した後、弟子たちに現れたのは、これでもう三度目である。

◆イエスとペトロ

一五　食事が終わると、イエスはシモン・ペトロに、「ヨハネの子シモン、この人たち以上にわたしを愛しているか」と言われた。ペトロが、「はい、主よ、わたしがあなたを愛していることは、あなたがご存じです」と言うと、イエスは、「わたしの小羊を飼いなさい」と言われた。
一六　二度目にイエスは言われた。「ヨハネの子シモン、わたしを愛しているか。」ペトロが、「はい、主よ、わたしがあなたを愛していることは、あなたがご存じです」と言うと、イエスは、「わたしの羊の世話をしなさい」と言われた。
一七　三度目にイエスは言われた。「ヨハネの子シモン、わたしを愛しているか。」ペトロは、イエスが三度目も、「わたしを愛しているか」と言われたので、悲しくなった。そして言った。「主よ、あなたは何もかもご存じです。わたしがあなたを愛していることを、あなたはよく知っておられます。」イエスは言われた。「わたしの羊を飼いなさい。

なぜキリストはペトロに三回、「わたしを愛しているか」と聞いたのでしょう。それはペトロが、鶏が鳴く前に三回「キリストを知らない」といったからです。ルカ第二二章五四―六二節を読んでください。

◆イエス、逮捕される　ペトロ、イエスを知らないと言う

五四　人々はイエスを捕らえ、引いて行き、大祭司の家に連れて入った。ペトロは遠く離れて従った。
五五　人々が屋敷の中庭の中央に火をたいて、一緒に座っていたので、ペトロも中に混じって腰を下ろした。

五六　するとある女中が、ペトロがたき火に照らされて座っているのを目にして、じっと見つめ、「この人も一緒にいました」と言った。
五七　しかし、ペトロはそれを打ち消して、「わたしはあの人を知らない」と言った。
五八　少したってから、ほかの人がペトロを見て、「お前もあの連中の仲間だ」と言うと、ペトロは、「いや、そうではない」と言った。
五九　一時間ほどたつと、また別の人が、「確かにこの人も一緒だった。ガリラヤの者だから」と言い張った。
六〇　だが、ペトロは、「あなたの言うことは分からない」と言った。まだこう言い終わらないうちに、突然鶏が鳴いた。
六一　主は振り向いてペトロを見つめられた。ペトロは、「今日、鶏が鳴く前に、あなたは三度わたしを知らないと言うだろう」と言われた主の言葉を思い出した。
六二　そして外に出て、激しく泣いた。

この箇所の他にも、マタイ第二六章五七―五八節、六九―七五節、マルコ第一四章五三―五四節、六六―七二節、ヨハネ第一八章一二―一八節、二五―二七節を参考にしてください。

ペトロは三度も「キリストを知らない」といって、キリストを裏切ります。自分の身の安全をキリストよりも大切に思ったのでしょう。そのようなペトロに対し、キリストは三回「わたしを愛しているか」と聞くことで、ペトロの罪を赦します。

三年も一緒にいた弟子たちはキリストの十字架のとき、ヨハネ以外は皆逃げてしまいました。これはとても大きな罪です。しかし復活したキリストが最初に弟子たちの前に現れたとき、「あなたがたに平和があるように」（ヨハネ第二〇章一九節後半）といって、弟子たちを赦します。

ところがペトロは教会に対して一番思い責任（彼の上に教会を建てるというキリストの約束を思い出してください）がありました。そこで、先ほど読んだヨハネ第二一章では、特別にペトロだけに「わたしを愛しているか」と問い、その後、彼を赦します。ペトロには誰よりも深い信仰が必要だったのです。

ところで十一世紀に教会は二つに分かれました。ここにキリスト教史の概略を記します。

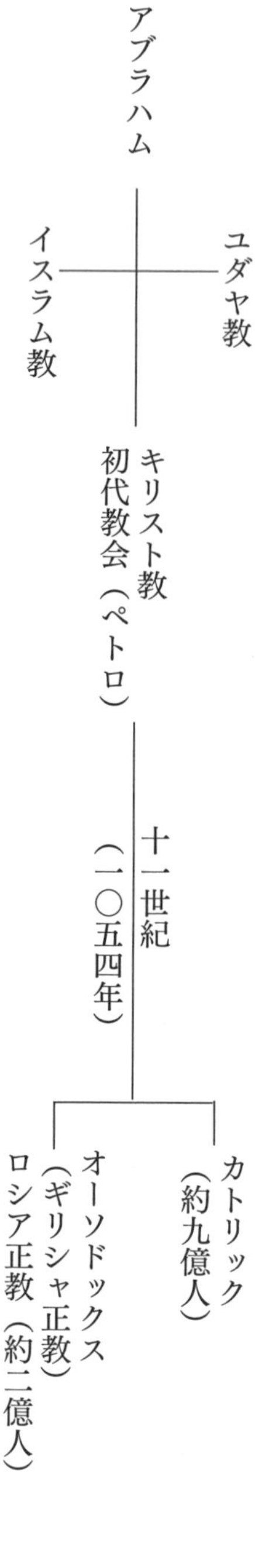


聖書のおもしろいところは、初代教会の長としてキリストから選ばれたあの偉大なペトロでさえ、最初はキリストから逃げ出したという、実にみっともない姿をそのまま記していることです。復活したキリストを「見たことがないから信じない」といったトマスのこともそのまま書かれています。まるで現代のわたしたちと同じですね。しかしそのような人びとをキリストは赦しています。ましていわんやわたしたち一般人をや。

それでは、今日はこれくらいで一休みいたしましょう。きっとわたしたちも赦してもらえるでしょう。次回は教会の最初の動き（聖霊降臨）について学びます。

# 第十六話　教会の最初の動き（聖霊降臨）

ペトロを教会の初代の長に選んだ後、キリストは昇天します。しかしそのとき、教会は直ぐには活動を始めません。使徒言行録第一章三―一一節を読んでください。

◆約束の聖霊

三　イエスは苦難を受けた後、御自分が生きていることを、数多くの証拠をもって使徒たちに示し、四十日にわたって彼らに現れ、神の国について話された。
四　そして、彼らと食事を共にしていたとき、こう命じられた。「エルサレムを離れず、前にわたしから聞いた、父の約束されたものを待ちなさい。
五　ヨハネは水で洗礼を授けたが、あなたがたは間もなく聖霊による洗礼を授けられるからである。」

◆イエス、天に上げられる

六　さて、使徒たちは集まって、「主よ、イスラエルのために国を建て直してくださるのは、この時ですか」と尋ねた。
七　イエスは言われた。「父が御自分の権威をもってお定めになった時や時期は、あなたがたの知るところではない。
八　あなたがたの上に聖霊が降ると、あなたがたは力を受ける。そして、エルサレムばかりでなく、ユダヤとサマリアの全土で、また、地の果てに至るまで、わたしの証人となる。」
九　こう話し終わると、イエスは彼らが見ているうちに天に上げられたが、雲に覆われて彼らの目から見えなくなった。
一〇　イエスが離れ去って行かれるとき、彼らは天を見つめていた。すると、白い服を着た二人の人がそ

ばに立って、
一一　言った。「ガリラヤの人たち、なぜ天を見上げて立っているのか。あなたがたから離れて天に上げられたイエスは、天に行かれるのをあなたがたが見たのと同じ有様で、またおいでになる。」

キリストは「どうぞ待ってください。わたしはあなたたちに聖霊を下します。だからそれまでは動かないで」といいます。キリストは復活後四十日の間、使徒たちと共に生活し、その後、昇天します。昇天の後、十日間、キリストも聖霊もいなくて、使徒たちは何もしないでマリアと共にいました。そして十日目に聖霊降臨がありました。使徒言行録第二章一―一三節を読んでください。

◆聖霊が降る

一　五旬祭の日が来て、一同が一つになって集まっていると、
二　突然、激しい風が吹いて来るような音が天から聞こえ、彼らが座っていた家中に響いた。
三　そして、炎のような舌が分かれ分かれに現れ、一人一人の上にとどまった。
四　すると、一同は聖霊に満たされ、〝霊〟が語らせるままに、ほかの国々の言葉で話しだした。
五　さて、エルサレムには天下のあらゆる国から帰って来た、信心深いユダヤ人が住んでいたが、
六　この物音に大勢の人が集まって来た。そして、だれもかれも、自分の故郷の言葉が話されているのを聞いて、あっけにとられてしまった。
七　人々は驚き怪しんで言った。「話をしているこの人たちは、皆ガリラヤの人ではないか。
八　どうしてわたしたちは、めいめいが生まれた故郷の言葉を聞くのだろうか。
九　わたしたちの中には、パルティア、メディア、エラムからの者がおり、また、メソポタミア、ユダヤ、カパドキア、ポントス、アジア、
一〇　フリギア、パンフィリア、エジプト、キレネに接するリビア地方などに住む者もいる。また、ロー

マから来て滞在中の者、
一一　ユダヤ人もいれば、ユダヤ教への改宗者もおり、クレタ、アラビアから来た者もいるのに、彼らが
わたしたちの言葉で神の偉大な業を語っているのを聞こうとは。」
一二　人々は皆驚き、とまどい、「いったい、これはどういうことなのか」と互いに言った。
一三　しかし、「あの人たちは、新しいぶどう酒に酔っているのだ」と言って、あざける者もいた。

結局、最初の教会は十一人の使徒（ユダがいなくなった）と百二十人ほどの人々の集まりでした。使徒言行録第一章一五節に書かれています。

一五　そのころ、ペトロは兄弟たちの中に立って言った。百二十人ほどの人々が一つになっていた。

教会の動きは聖霊降臨と共に始まります。使徒たちは三年間キリストと共に生活したのに、キリストの教えを理解することはできなかったようです。キリストの教えを理解するには、聖霊の助けが必要だったのです。わたしたちが洗礼を受けて信者になったとしても、すぐに信者ではない人にキリスト教について語ることはできません。これはとても大切なことです。例えば、司祭になるため、最低五～六年は勉強しなければなりません。ドミニコ会の場合、修練期一年、その後三年間哲学を、そしてさらに四年間神学を勉強します。

リシャール神父「そういう訳で、信者ではない人からキリスト教について質問されても、それが自分自身を超えるような質問でしたら、沈黙するしかないのです。もしどうしても知りたいなら、専門家のところに行くように勧めるほうがよいでしょう。聖霊の助けを待つという忍耐が必要です」

### （一）聖霊を遣わす約束

ヨハネ第一四章二五―二六節

二五　わたしは、あなたがたといたときに、これらのことを話した。
二六　しかし、弁護者、すなわち、父がわたしの名によってお遣わしになる聖霊が、あなたがたにすべてのことを教え、わたしが話したことをことごとく思い起こさせてくださる。

ヨハネ第一五章二六―二七節

二六　わたしが父のもとからあなたがたに遣わそうとしている弁護者、すなわち、父のもとから出る真理の霊が来るとき、その方がわたしについて証しをなさるはずである。
二七　あなたがたも、初めからわたしと一緒にいたのだから、証しをするのである。

ヨハネ第一六章四―一五節

四　しかし、これらのことを話したのは、その時が来たときに、わたしが語ったということをあなたがたに思い出させるためである。」

◆聖霊の働き

「初めからこれらのことを言わなかったのは、わたしがあなたがたと一緒にいたからである。
五　今わたしは、わたしをお遣わしになった方のもとに行こうとしているが、あなたがたはだれも、『どこへ行くのか』と尋ねない。
六　むしろ、わたしがこれらのことを話したので、あなたがたの心は悲しみで満たされている。
七　しかし、実を言うと、わたしが去って行くのは、あなたがたのためになる。わたしが去って行かなければ、弁護者はあなたがたのところに来ないからである。わたしが行けば、弁護者をあなたがたのところに送る。
八　その方が来れば、罪について、義について、また、裁きについて、世の誤りを明らかにする。

九　罪についてとは、彼らがわたしを信じないこと、
一〇　義についてとは、わたしが父のもとに行き、あなたがたがもはやわたしを見なくなること、
一一　また、裁きについてとは、この世の支配者が断罪されることである。
一二　言っておきたいことは、まだたくさんあるが、今、あなたがたには理解できない。
一三　しかし、その方、すなわち、真理の霊が来ると、あなたがたを導いて真理をことごとく悟らせる。その方は、自分から語るのではなく、聞いたことを語り、また、これから起こることをあなたがたに告げるからである。
一四　その方はわたしに栄光を与える。わたしのものを受けて、あなたがたに告げるからである。
一五　父が持っておられるものはすべて、わたしのものである。だから、わたしは、『その方がわたしのものを受けて、あなたがたに告げる』と言ったのである。」

ヨハネは同じ話を三度もしています。ヨハネをよく研究すれば、だいたい三回ほど同じ話が出てくるのに気付きます。ヨハネはキリストの晩餐について、自分の弟子たちに時々同じ話をしていたからでしょう。

第一六章、特に一二節と一三節は最も重要です。「理解できなくても待ってください」という意味なのです。ここまで考えてくると、「なぜキリストはこの世に来たのか」という問いに対しては、次のように答えることができるでしょう。①聖霊を遣わすため、そして②その聖霊を動かすため教会を建てた、と。

ところで、『使徒言行録』はルカが書いたものです。第一章一―二節で「テオフィロさま、わたしは先に第一巻を著して、イエスが行い、また教え始めてから、お選びになった使徒たちに聖霊を通して指図を与え、天に上げられた日までのすべてのことについて書き記しました」と書かれていますが、「先に第一巻を著して」とは、『ルカによる福音書』のことなのです。第一章―第一二章まではペトロについて、第一三章はパウロについて書かれています。そして先ほど読んだ第一章の四、五、八節はキリストの「聖霊を遣わすので、それま

で待ってください」という約束が書かれています。

(二) 約束を果たす

使徒言行録第二章一―四二節では、キリストがその約束を果たしたことが書かれています。先ほど読んだ一節から四節をここでもう一度引用します。

◆聖霊が降る

一　五旬祭の日が来て、一同が一つになって集まっていると、
二　突然、激しい風が吹いて来るような音が天から聞こえ、彼らが座っていた家中に響いた。
三　そして、炎のような舌が分かれ分かれに現れ、一人一人の上にとどまった。
四　すると、一同は聖霊に満たされ、〝霊〟が語らせるままに、ほかの国々の言葉で話しだした。

聖霊は風と炎の姿で現れました。風は強さを意味します。使徒たちは当時とても臆病でした。そのため彼らはキリストについて何も教えようとはしませんでした。「自分もキリストと同じように罰を受けるのではないか」と恐れていたのです。しかし、聖霊は風で使徒たちの心を強め、炎で使徒たちの知恵を照らしました。その結果、使徒たちはキリストについて、霊に導かれ語り始めたのです。

(三) 弟子たちの生活

聖霊を受けて使徒たちはどのような生活をしていたのでしょう。

①祈りの生活　使徒言行録第一章一四節

一四　彼らは皆、婦人たちやイエスの母マリア、またイエスの兄弟たちと心を合わせて熱心に祈っていた。

②教え　使徒言行録第二章二二―四〇節

二二　イスラエルの人たち、これから話すことを聞いてください。ナザレの人イエスこそ、神から遣わされた方です。神は、イエスを通してあなたがたの間で行われた奇跡と、不思議な業と、しるしとによって、そのことをあなたがたに証明なさいました。あなたがた自身が既に知っているとおりです。
二三　このイエスを神は、お定めになった計画により、あらかじめご存じのうえで、あなたがたに引き渡されたのですが、あなたがたは律法を知らない者たちの手を借りて、十字架につけて殺してしまったのです。
二四　しかし、神はこのイエスを死の苦しみから解放して、復活させられました。イエスが死に支配されたままでおられるなどということは、ありえなかったからです。
二五　ダビデは、イエスについてこう言っています。『わたしは、いつも目の前に主を見ていた。主がわたしの右におられるので、／わたしは決して動揺しない。
二六　だから、わたしの心は楽しみ、／舌は喜びたたえる。体も希望のうちに生きるであろう。
二七　あなたは、わたしの魂を陰府に捨てておかず、／あなたの聖なる者を／朽ち果てるままにしておかれない。
二八　あなたは、命に至る道をわたしに示し、／御前にいるわたしを喜びで満たしてくださる。』
二九　兄弟たち、先祖ダビデについては、彼は死んで葬られ、その墓は今でもわたしたちのところにあると、はっきり言えます。
三〇　ダビデは預言者だったので、彼から生まれる子孫の一人をその王座に着かせると、神がはっきり誓ってくださったことを知っていました。
三一　そして、キリストの復活について前もって知り、／『彼は陰府に捨てておかれず、／その体は朽ち果てることがない』／と語りました。
三二　神はこのイエスを復活させられたのです。わたしたちは皆、そのことの証人です。
三三　それで、イエスは神の右に上げられ、約束された聖霊を御父から受けて注いでくださいました。あなたがたは、今このことを見聞きしているのです。
三四　ダビデは天に昇りませんでしたが、彼自身こう言っています。『主は、わたしの主にお告げになった。「わたしの右の座に着け。
三五　わたしがあなたの敵を／あなたの足台とするときまで。」』
三六　だから、イスラエルの全家は、はっきり知らなくてはなりません。あなたがたが十字架につけて殺したイエスを、神は主とし、またメシアとなさったのです。」
三七　人々はこれを聞いて大いに心を打たれ、ペトロとほかの使徒たちに、「兄弟たち、わたしたちはどうしたらよいのですか」と言った。
三八　すると、ペトロは彼らに言った。「悔い改めなさい。めいめい、イエス・キリストの名によって洗礼を受け、罪を赦していただきなさい。そうすれば、賜物として聖霊を受けます。
三九　この約束は、あなたがたにも、あなたがたの子供にも、遠くにいるすべての人にも、つまり、わたしたちの神である主が招いてくださる者ならだれにでも、与えられているものなのです。」
四〇　ペトロは、このほかにもいろいろ話をして、力強く証しをし、「邪悪なこの時代から救われなさい」と勧めていた。

ここまでをまとめると次のようにいえるでしょう。

・あなたがたが知っていること＝「キリストはこの世ですばらしいことをしました。しかしその人を十字架につけてしまいました。」

・あなたがたが知らないこと＝「キリストは天に昇ってこの世に聖霊を送ってくれました」

これこそがキリストの教えの中心であり、すばらしいニュース（福音）ではないでしょうか。それでは、このニュースを聞いた人々はどうしたでしょうか。四一節です。

四一　ペトロの言葉を受け入れた人々は洗礼を受け、その日に三千人ほどが仲間に加わった。

③パンを裂く　四二―四六節

四二　彼らは、使徒の教え、相互の交わり、パンを裂くこと、祈ることに熱心であった。
四三　すべての人に恐れが生じた。使徒たちによって多くの不思議な業としるしが行われていたのである。
四四　信者たちは皆一つになって、すべての物を共有にし、
四五　財産や持ち物を売り、おのおのの必要に応じて、皆がそれを分け合った。
四六　そして、毎日ひたすら心を一つにして神殿に参り、家ごとに集まってパンを裂き、喜びと真心をもって一緒に食事をし、

洗礼を受けた人々は時々集まって、パンを裂き、一緒に食事をしたようです。

④物を共有する　四五節

四五　財産や持ち物を売り、おのおのの必要に応じて、皆がそれを分け合った。

⑤神を賛美する　四七節

四七　神を賛美していたので、民衆全体から好意を寄せられた。こうして、主は救われる人々を日々仲間に加え一つにされたのである。

これらの引用箇所はペトロの教えの中心だと言われています。そして今の教会はこの①～⑤の活動生活に基づいています。教会には①教え、②祈り、③パンを裂く。④物を共有する（教会維持費など）⑤賛美歌、があります。これはちょうどミサと同じです。

今日はこれでそろそろ終わりにしましょう。少々分かりづらかったかもしれませんが、それは聖霊のせいにして、忍耐強く研究を続けようではありませんか。次回は教会の唯一性についてです。

リシャール神父の説教「主よ、あなたの燃える熱い炎で、わたしたちの心を温かくしてください。そしてわたしたちの周りの人びとに愛の炎を燃え上がらせてください」

# 第十七話　教会の唯一性

（一）唯一の教会

キリストはたった一つの教会を建てるつもりでした。その根拠はヨハネ第一〇章一―一六節に記されています。

一　「はっきり言っておく。羊の囲いに入るのに、門を通らないでほかの所を乗り越えて来る者は、盗人であり、強盗である。
二　門から入る者が羊飼いである。
三　門番は羊飼いには門を開き、羊はその声を聞き分ける。羊飼いは自分の羊の名を呼んで連れ出す。
四　自分の羊をすべて連れ出すと、先頭に立って行く。羊はその声を知っているので、ついて行く。
五　しかし、ほかの者には決してついて行かず、逃げ去る。ほかの者たちの声を知らないからである。」
六　イエスは、このたとえをファリサイ派の人々に話されたが、彼らはその話が何のことか分からなかった。

◆イエスは良い羊飼い

七　イエスはまた言われた。「はっきり言っておく。わたしは羊の門である。
八　わたしより前に来た者は皆、盗人であり、強盗である。しかし、羊は彼らの言うことを聞かなかった。
九　わたしは門である。わたしを通って入る者は救われる。その人は、門を出入りして牧草を見つける。
一〇　盗人が来るのは、盗んだり、屠ったり、滅ぼしたりするためにほかならない。わたしが来たのは、羊が命を受けるため、しかも豊かに受けるためである。
一一　わたしは良い羊飼いである。良い羊飼いは羊のために命を捨てる。
一二　羊飼いでなく、自分の羊を持たない雇い人は、狼が来るのを見ると、羊を置き去りにして逃げる。
――狼は羊を奪い、また追い散らす。――

一三　彼は雇い人で、羊のことを心にかけていないからである。
一四　わたしは良い羊飼いである。わたしは自分の羊を知っており、羊もわたしを知っている。
一五　それは、父がわたしを知っておられ、わたしが父を知っているのと同じである。わたしは羊のために命を捨てる。
一六　わたしには、この囲いに入っていないほかの羊もいる。その羊をも導かなければならない。その羊もわたしの声を聞き分ける。こうして、羊は一人の羊飼いに導かれ、一つの群れになる。

特に一六節に注目してください。「羊は一人の羊飼いに導かれ、一つの群れになる」。これがたった一つの教会を建てるという意味です。また、ヨハネ第一七章一―二六節も併せて読んでください。

一　イエスはこれらのことを話してから、天を仰いで言われた。「父よ、時が来ました。あなたの子があなたの栄光を現すようになるために、子に栄光を与えてください。
二　あなたは子にすべての人を支配する権能をお与えになりました。そのために、子はあなたからゆだねられた人すべてに、永遠の命を与えることができるのです。
三　永遠の命とは、唯一のまことの神であられるあなたと、あなたのお遣わしになったイエス・キリストを知ることです。
四　わたしは、行うようにとあなたが与えてくださった業を成し遂げて、地上であなたの栄光を現しました。
五　父よ、今、御前でわたしに栄光を与えてください。世界が造られる前に、わたしがみもとで持っていたあの栄光を。
六　世から選び出してわたしに与えてくださった人々に、わたしは御名を現しました。彼らはあなたのものでしたが、あなたはわたしに与えてくださいました。彼らは、御言葉を守りました。

七 わたしに与えてくださったものはみな、あなたからのものであることを、今、彼らは知っています。
八 なぜなら、わたしはあなたから受けた言葉を彼らに伝え、彼らはそれを受け入れて、わたしがみも
とから出て来たことを本当に知り、あなたがわたしをお遣わしになったことを信じたからです。
九 彼らのためにお願いします。世のためではなく、わたしに与えてくださった人々のためにお願いし
ます。彼らはあなたのものだからです。
一〇 わたしのものはすべてあなたのもの、あなたのものはわたしのものです。わたしは彼らによって栄
光を受けました。
一一 わたしは、もはや世にはいません。彼らは世に残りますが、わたしはみもとに参ります。聖なる父
よ、わたしに与えてくださった御名によって彼らを守ってください。わたしたちのように、彼らも
一つとなるためです。
一二 わたしは彼らと一緒にいる間、あなたが与えてくださった御名によって彼らを守りました。わたし
が保護したので、滅びの子のほかは、だれも滅びませんでした。聖書が実現するためです。
一三 しかし、今、わたしはみもとに参ります。世にいる間に、これらのことを語るのは、わたしの喜び
が彼らの内に満ちあふれるようになるためです。
一四 わたしは彼らに御言葉を伝えましたが、世は彼らを憎みました。わたしが世に属していないよう
に、彼らも世に属していないからです。
一五 わたしがお願いするのは、彼らを世から取り去ることではなく、悪い者から守ってくださることです。
一六 わたしが世に属していないように、彼らも世に属していないのです。
一七 真理によって、彼らを聖なる者としてください。あなたの御言葉は真理です。
一八 わたしを世にお遣わしになったように、わたしも彼らを世に遣わしました。
一九 彼らのために、わたしは自分自身をささげます。彼らも、真理によってささげられた者となるため

です。
二〇　また、彼らのためだけでなく、彼らの言葉によってわたしを信じる人々のためにも、お願いします。
二一　父よ、あなたがわたしの内におられ、わたしがあなたの内にいるように、すべての人を一つにして
ください。彼らもわたしたちの内にいるようにしてください。そうすれば、世は、あなたがわたし
をお遣わしになったことを、信じるようになります。
二二　あなたがくださった栄光を、わたしは彼らに与えました。わたしたちが一つであるように、彼らも
一つになるためです。
二三　わたしが彼らの内におり、あなたがわたしの内におられるのは、彼らが完全に一つになるためで
す。こうして、あなたがわたしをお遣わしになったこと、また、わたしを愛しておられたように、彼
らをも愛しておられたことを、世が知るようになります。
二四　父よ、わたしに与えてくださった人々を、わたしのいる所に、共におらせてください。それは、天
地創造の前からわたしを愛して、与えてくださったわたしの栄光を、彼らに見せるためです。
二五　正しい父よ、世はあなたを知りませんが、わたしはあなたを知っており、この人々はあなたがわた
しを遣わされたことを知っています。
二六　わたしは御名を彼らに知らせました。また、これからも知らせます。わたしに対するあなたの愛が
彼らの内にあり、わたしも彼らの内にいるようになるためです。」

ここに書かれていることを次のように整理してみました。

・神は一つ　一―五節
・だから真理も一つ　六―一九節
・だから教会も一つ　二〇―二三節前半

・だから愛も一つ　二三節後半―二六節

「一つになる」がこの引用箇所で三回使用されています。キリストは重大な教えの時、三回同じ言葉を繰り返しているようです。例えば既に見ましたがペトロに対して三回「愛しているか」と問うています。

(二) 初代教会の長

そしてペトロを初代の教会長に任じました。これも既に学びました。

(三) 数多く存在する現代の教会

しかし今日、沢山の教会が存在しています。これも実は聖書の中で予言されています。マタイ第二四章四―二八節の中です。どこに書かれているか探してください。

四　イエスはお答えになった。「人に惑わされないように気をつけなさい。
五　わたしの名を名乗る者が大勢現れ、『わたしがメシアだ』と言って、多くの人を惑わすだろう。
六　戦争の騒ぎや戦争のうわさを聞くだろうが、慌てないように気をつけなさい。そういうことは起こるに決まっているが、まだ世の終わりではない。
七　民は民に、国は国に敵対して立ち上がり、方々に飢饉や地震が起こる。
八　しかし、これらはすべて産みの苦しみの始まりである。
九　そのとき、あなたがたは苦しみを受け、殺される。また、わたしの名のために、あなたがたはあらゆる民に憎まれる。
一〇　そのとき、多くの人がつまずき、互いに裏切り、憎み合うようになる。
一一　偽預言者も大勢現れ、多くの人を惑わす。

一二　不法がはびこるので、多くの人の愛が冷える。
一三　しかし、最後まで耐え忍ぶ者は救われる。
一四　そして、御国のこの福音はあらゆる民への証しとして、全世界に宣べ伝えられる。それから、終わりが来る。」

◆大きな苦難を予告する

一五　「預言者ダニエルの言った憎むべき破壊者が、聖なる場所に立つのを見たら――読者は悟れ――、
一六　そのとき、ユダヤにいる人々は山に逃げなさい。
一七　屋上にいる者は、家にある物を取り出そうとして下に降りてはならない。
一八　畑にいる者は、上着を取りに帰ってはならない。
一九　それらの日には、身重の女と乳飲み子を持つ女は不幸だ。
二〇　逃げるのが冬や安息日にならないように、祈りなさい。
二一　そのときには、世界の初めから今までなく、今後も決してないほどの大きな苦難が来るからである。
二二　神がその期間を縮めてくださらなければ、だれ一人救われない。しかし、神は選ばれた人たちのために、その期間を縮めてくださるであろう。
二三　そのとき、『見よ、ここにメシアがいる』『いや、ここだ』と言う者がいても、信じてはならない。
二四　偽メシアや偽預言者が現れて、大きなしるしや不思議な業を行い、できれば、選ばれた人たちをも惑わそうとするからである。
二五　あなたがたには前もって言っておく。
二六　だから、人が『見よ、メシアは荒れ野にいる』と言っても、行ってはならない。また、『見よ、奥の部屋にいる』と言っても、信じてはならない。
二七　稲妻が東から西へひらめき渡るように、人の子も来るからである。

二八　死体のある所には、はげ鷹が集まるものだ。」

どこにあったでしょうか。そうです、「キリストの名前を使って教会を建てる人に注意するように」といっている箇所は、四―五節、一〇―一一節、二三―二四節です。ここでも三回「惑わされないように」あるいは「信じないように」が使用されています。それではキリストが建てた本当の教会をどうやって見分けたらよいのでしょうか。

(四) 本当の教会を見つける尺度

自分がまだ信者ではないとき、キリストが建てた真の教会を見つけるにはどうしたらよいのでしょうか。真の教会には次の三つの任務があります。

・教える任務（教職）
・聖化する任務（祭職）
・治める任務（牧職）

しかし、この三つだけで真の教会といえるかどうかまだ分かりません。この程度であればどんな教会にもあるでしょう。この三つの任務の中に次の四つの特徴がなければならないと思います。

① 例えば「教える任務」の中に、唯一性に関して矛盾があってはなりません。たくさんのプロテスタントの教会やカトリック教会があることについてどう教えるかが課題です。

② 聖性　例えば「教える任務」の中に、聖なる教えがあるかどうかです。人を殺す教えなどもってのほかです。
③ 普遍性　例えば「教える任務」の中に、教会の時間的、場所的な普遍性についての教えがあるかどうかです。
④ 使徒の継承　例えば「教える任務」の中に、使徒の継承についての教えがあるかどうかです。キリスト教では、本質的にはペトロから使徒の継承が始まっています。

同様に「聖化する任務」の中に、今見た①～④の特徴があり、「治める任務」の中に、やはり①～④の特徴があるかどうか、計十二の全てがそろっていなければ真の教会とはいえません。この尺度でキリストが建てた真の教会を見つけることが大切です。うまく見つけられるかどうか、これも聖霊の力に頼るのでしょうか。

キリスト教は、決して他の宗教を批判したりすることはありません。宗教の自由、信仰の自由を認めています。私は日本人のある老神父から、「キリスト信者は神社や仏閣に行ってはならない」といわれたことがあります。これについてパリのブロー神父は、「私は日本の仏教徒が仏様を拝んでいるのを見て、私も手を合わせて拝みました。人が信じているものを、そうではないと否定するのではなく、私もその人の信仰を尊重します。またそうでなければなりません」と私に語られたことがあります。私の父母が仏教徒でしたので、これを聞いて私はとても安心しました。そういえば、あれほど私がカトリックに改宗するのを反対した仏教徒の父が、私がフランスでブロー神父にお世話になっているということを知って、それからは箱崎カトリック教会の前を通るたびに、教会の前で深々と頭を下げていたということを、父の死後、母から聞いたことを思い出しました。

それでは今日はこれで一休みしましょう。あなたの住まいの近所にどんな教会がありますか。次回は教会の必要性について学びます。

# 第十八話　教会の必要性

（一）教会と救いについて

次のような問答を考えてみました。

①問　「教会に属していない全ての人は救われますか」

答　「救われる人と救われない人がいます」

②問　「教会に属している全ての人は救われますか」

答　「救われる人と救われない人がいます」

①と②の答えは同じですね。キリストは人びとの救いのため教会を建てました。しかし「救われる人と救われない人がいる」のであれば、どんな教会に属していても、いや、どんな教会に属さなくてもよいではありませんか。これを図に描くと次のようになるでしょう。

| **①教会に属していない人** |
|---|
| 救われる人 |
| 救われない人 |

| **②教会に属している人** |
|---|
| 救われる人 |
| 救われない人 |

この図では、救われる人と救われない人が同じ割合になっています。しかし、キリストによって②に属している人は、教会の教えのおかげで、教会に属していない人よりも少し多く、救いの道を知っているはずです。ですからこの図を次のように変える必要があるでしょう。

| **①教会に属していない人** |
| --- |
| 救われる人 |
| 救われない人 |

| **②教会に属している人** |
| --- |
| 救われる人 |
| 救われない人 |

救われる人とそうでない人の箱の大きさが少し違いますね。ただ、救われるかそうでないかの割合がどのようになるかは、神だけが知っていますので、この図はあくまでも仮定の図でしかありません。ただ、救われる可能性が高いのは②の場合だといえるでしょう。なぜなら、先ほどの繰り返しになりますが、②に属している人は、キリストのおかげで救いの道を知っているからです。

（二）救われるために、なぜカトリック教会に属したほうがよいでしょうか。

有名高等学校に在学している人は全員、百パーセント東大に入ることができますか。そうではありませんね。恐らく八十パーセントくらいでしょうか。これはあくまでも可能性の問題です。

東大に合格するため、わざわざ無名の高等学校に行く人はいないでしょう。できるだけ有名高等学校に在籍しているほうが、東大に合格する可能性が高いからです。そのため、有名中学校に入学したほうが可能性は高い、そのため有名小学校に、有名幼稚園にと、ああ、きりがありません。もちろん無名の高等学校からでも東大に合格する人はいます。ただ、その可能性はかなり低いでしょう。

みなさんはもうお分かりですね。ここでいう東大とは、もちろん神の国のことです。有名高等学校とはカトリック教会です。無名の高等学校とは、教会に属していない人が通うところです。

繰り返しますが、教会に属さない人でも神の国に入ることはできますが、可能性としては、教会に属しているほうが高いということです。

そうなると誰が神の国に入れるか、という問題です。答えは「良い人」です。

(三) 良い人になるためには

どうしたら良い人になれるのでしょうか。全ての人がもし良い人であれば、全員神の国に入れるでしょう。神を知らない人でも良い人であれば、神の国に入れるでしょう。それではどうしたら良い人になれるでしょうか。その答えは、自分自身の正しい良心に従って生活をすることです。

(四) 正しい良心を持つためには

それでは正しい良心を持つためにはどうしたらよいでしょうか。教会に属している人も、属していない人も、全ての人は自分の良心が正しくあるために、日々研究しなければならないと思います。ただ、教会に属している人のほうが、そうでない人よりも研究がやりやすいし、その可能性が高いのです。

結局は、正しい良心があるように努力したかどうかが神から問われるのでしょう。わたしたちは正しい良心を持つことができるよう努力することが大切です。これが第二話の質問「キリストが現れる前に生まれた人、あるいは仏教徒として死んだ人たちは神の国に入れないのでしょうか」の答えです。

それでは、今日はこれくらいで一休みしましょう。教会に属していない人でも、正しい良心に従って行動すれば、神の国に入れるのですから、どうぞ安心して眠りましょう。次回はその神の国について勉強します。

# 第十九話　神の国

（一）神の国とは何ですか。

神の国とは完全な幸福と永遠の命そのものです。ところで、わたしたちは何に幸福を求めていますか。財産、快楽、名誉。わたしたちの周りには様々な物があります。人はそれを物質的に、あるいは金銭的に獲得すればするほど、幸福だと思うでしょう。人はそれを自分の精神や体の喜びのため使用します。名誉に関しても同じです。

ところが、これらを獲得したことで人は完全な幸福になれるでしょうか。いや、「もっと欲しい」、「もっと欲しい」と思うのではないでしょうか。そうです、それらが完全ではないからです。不完全なものを所有しても、不完全な幸福しか得られません。完全なものを有したとき、初めて、「もうこれ以上いらない」と思うでしょう。そこに完全な幸福があります。完全なものとは、それこそが神なのです。

ずっと前に勉強しましたが、神は全知、全能、全善です。ですからこの神を有することで、わたしたちは完全な幸福を得ることができます。それではどうすれば神を有することができるでしょう。その答えは、「洗礼によって、三位一体（父と子と聖霊）の命を受け、その後聖体を拝領すること」で神を有することができるとカトリックでは考えられています。

（二）いつ神の国に入ることができますか。

わたしたちは洗礼と聖体拝領によって、完全なもの（神）を今不完全に所有しています。なぜ不完全に。それはわたしたちが今は不完全だからです。完全なものを完全に有するのは、世の終わりのときです。そのため、終末論について研究します。

（三）世の終わり＝終末

マタイ第二三章三七節―第二五章四六節を読んでください。とても長いので、ここでは必要な部分だけ引用しますが、是非、全体を読んで欲しいと思います。

この箇所には三つの「終わり」が書かれています。①個人の終わり、②世の終わり、そして③エルサレムの終わりです。

①個人の終わり＝私審判　第二四章四〇―五一節、第二五章一―一三節、第二五章一四―三〇節を引用します。

第二四章四〇―五一節

四〇　そのとき、畑に二人の男がいれば、一人は連れて行かれ、もう一人は残される。
四一　二人の女が臼をひいていれば、一人は連れて行かれ、もう一人は残される。
四二　だから、目を覚ましていなさい。いつの日、自分の主が帰って来られるのか、あなたがたには分からないからである。
四三　このことをわきまえていなさい。家の主人は、泥棒が夜のいつごろやって来るかを知っていたら、目を覚ましていて、みすみす自分の家に押し入らせはしないだろう。
四四　だから、あなたがたも用意していなさい。人の子は思いがけない時に来るからである。」

◆忠実な僕と悪い僕

四五　「主人がその家の使用人たちの上に立てて、時間どおり彼らに食事を与えさせることにした忠実で賢い僕は、いったいだれであろうか。
四六　主人が帰って来たとき、言われたとおりにしているのを見られる僕は幸いである。

四七　はっきり言っておくが、主人は彼に全財産を管理させるにちがいない。
四八　しかし、それが悪い僕で、主人は遅いと思い、
四九　仲間を殴り始め、酒飲みどもと一緒に食べたり飲んだりしているとする。
五〇　もしそうなら、その僕の主人は予想しない日、思いがけない時に帰って来て、
五一　彼を厳しく罰し、偽善者たちと同じ目に遭わせる。そこで泣きわめいて歯ぎしりするだろう。」

第二五章一―一三節

一　「そこで、天の国は次のようにたとえられる。十人のおとめがそれぞれともし火を持って、花婿を迎えに出て行く。
二　そのうちの五人は愚かで、五人は賢かった。
三　愚かなおとめたちは、ともし火は持っていたが、油の用意をしていなかった。
四　賢いおとめたちは、それぞれのともし火と一緒に、壺に油を入れて持っていた。
五　ところが、花婿の来るのが遅れたので、皆眠気がさして眠り込んでしまった。
六　真夜中に『花婿だ。迎えに出なさい』と叫ぶ声がした。
七　そこで、おとめたちは皆起きて、それぞれのともし火を整えた。
八　愚かなおとめたちは、賢いおとめたちに言った。『油を分けてください。わたしたちのともし火は消えそうです。』
九　賢いおとめたちは答えた。『分けてあげるほどはありません。それより、店に行って、自分の分を買って来なさい。』
一〇　愚かなおとめたちが買いに行っている間に、花婿が到着して、用意のできている五人は、花婿と一緒に婚宴の席に入り、戸が閉められた。

一一 その後で、ほかのおとめたちも来て、『御主人様、御主人様、開けてください』と言った。
一二 しかし主人は、『はっきり言っておく。わたしはお前たちを知らない』と答えた。
一三 だから、目を覚ましていなさい。あなたがたは、その日、その時を知らないのだから。」

## 第二五章一四―三〇節

### ◆「タラントン」のたとえ

一四 「天の国はまた次のようにたとえられる。ある人が旅行に出かけるとき、僕たちを呼んで、自分の
財産を預けた。
一五 それぞれの力に応じて、一人には五タラントン、一人には二タラントン、もう一人には一タラント
ンを預けて旅に出かけた。早速、
一六 五タラントン預かった者は出て行き、それで商売をして、ほかに五タラントンをもうけた。
一七 同じように、二タラントン預かった者も、ほかに二タラントンをもうけた。
一八 しかし、一タラントン預かった者は、出て行って穴を掘り、主人の金を隠しておいた。
一九 さて、かなり日がたってから、僕たちの主人が帰って来て、彼らと清算を始めた。
二〇 まず、五タラントン預かった者が進み出て、ほかの五タラントンを差し出して言った。『御主人
様、五タラントンお預けになりましたが、御覧ください。ほかに五タラントンもうけました。』
二一 主人は言った。『忠実な良い僕だ。よくやった。お前は少しのものに忠実であったから、多くのも
のを管理させよう。主人と一緒に喜んでくれ。』
二二 次に、二タラントン預かった者も進み出て言った。『御主人様、二タラントンお預けになりました
が、御覧ください。ほかに二タラントンもうけました。』
二三 主人は言った。『忠実な良い僕だ。よくやった。お前は少しのものに忠実であったから、多くのも

二四　のを管理させよう。主人と一緒に喜んでくれ。』
二五　ところで、一タラントン預かった者も進み出て言った。『御主人様、あなたは蒔かない所から刈り取り、散らさない所からかき集められる厳しい方だと知っていましたので、
二六　恐ろしくなり、出かけて行って、あなたのタラントンを地の中に隠して／おきました。御覧ください。これがあなたのお金です。』
二七　主人は答えた。『怠け者の悪い僕だ。わたしが蒔かない所から刈り取り、散らさない所からかき集めることを知っていたのか。
二八　それなら、わたしの金を銀行に入れておくべきであった。そうしておけば、帰って来たとき、利息付きで返してもらえたのに。
二九　さあ、そのタラントンをこの男から取り上げて、十タラントン持っている者に与えよ。
三〇　だれでも持っている人は更に与えられて豊かになるが、持っていない人は持っているものまでも取り上げられる。
　　この役に立たない僕を外の暗闇に追い出せ。そこで泣きわめいて歯ぎしりするだろう。』」

以上が、個人の終わりについて語られている箇所です。数回出てくる「そのとき」とはわたしたちの死のときです。わたしたちは「死ぬ」とはどういうことかよく知りません。知っているのは、体が動かないこと、火葬で灰になること、土葬で土になること、それだけです。しかしわたしたちの中には霊魂もあります。霊魂も土と灰になるのでしょうか。わたしたちはそれを知りませんが、キリストの教えによって、わたしたちはそれが無くならないことを知ります。ローマの信徒への手紙第八章九―一三節を引用します。

九　神の霊があなたがたの内に宿っているかぎり、あなたがたは、肉ではなく霊の支配下にいます。キリストの霊を持たない者は、キリストに属していません。

一〇　キリストがあなたがたの内におられるならば、体は罪によって死んでいても、〝霊〟は義によって命となっています。
一一　もし、イエスを死者の中から復活させた方の霊が、あなたがたの内に宿っているなら、キリストを死者の中から復活させた方は、あなたがたの内に宿っているその霊によって、あなたがたの死ぬはずの体をも生かしてくださるでしょう。
一二　それで、兄弟たち、わたしたちには一つの義務がありますが、それは、肉に従って生きなければならないという、肉に対する義務ではありません。
一三　肉に従って生きるなら、あなたがたは死にます。しかし、霊によって体の仕業を絶つならば、あなたがたは生きます。

「母親の胎内→この世の中→別の世界」これがわたしたちの推移です。別の世界で霊魂は生きています。死んだ後、私審判があります。そのとき、神は判決する者として、わたしたちに相談はしません。役に立たない僕は追い出されます。「神に出会えば」わたしたちは善人として天の国に入るでしょう。しかし善人でなければ「神の顔を見る」ことはできません。入口の戸が「閉められる」のです（マタイ第二五章一〇―一三節）。

地獄とはまさに「神と出会わないこと」、「神と出会わない状態」です。そのため聖書には地獄がどのようなところか、具体的には一切描写されていません。

（四）私審判

ヨハネ第三章一六―二一節を読んでください。

一六　神は、その独り子をお与えになったほどに、世を愛された。独り子を信じる者が一人も滅びないで、永遠の命を得るためである。
一七　神が御子を世に遣わされたのは、世を裁くためではなく、御子によって世が救われるためである。
一八　御子を信じる者は裁かれない。信じない者は既に裁かれている。神の独り子の名を信じていないからである。
一九　光が世に来たのに、人々はその行いが悪いので、光よりも闇の方を好んだ。それが、もう裁きになっている。
二〇　悪を行う者は皆、光を憎み、その行いが明るみに出されるのを恐れて、光の方に来ないからである。
二一　しかし、真理を行う者は光の方に来る。その行いが神に導かれてなされたということが、明らかになるために。」

私審判とは一八節で「信じない者は既に裁かれている」、あるいは一九節で「光よりも闇の方を好んだ。それが、もう裁きになっている」と記されています。これは神が裁きを下す前に、既に、自分が自分自身で自分を裁いてしまうという意味です。神から裁かれる前に自分で天国か地獄かに向かうのです。これが私審判の意味です。

②世の終わり＝公審判
マタイ第二四章三―一四節
三　イエスがオリーブ山で座っておられると、弟子たちがやって来て、ひそかに言った。「おっしゃってください。そのことはいつ起こるのですか。また、あなたが来られて世の終わるときには、どんな徴があるのですか。」
四　イエスはお答えになった。「人に惑わされないように気をつけなさい。

五 わたしの名を名乗る者が大勢現れ、『わたしがメシアだ』と言って、多くの人を惑わすだろう。
六 戦争の騒ぎや戦争のうわさを聞くだろうが、慌てないように気をつけなさい。そういうことは起こる
に決まっているが、まだ世の終わりではない。
七 民は民に、国は国に敵対して立ち上がり、方々に飢饉や地震が起こる。
八 しかし、これらはすべて産みの苦しみの始まりである。
九 そのとき、あなたがたは苦しみを受け、殺される。また、わたしの名のために、あなたがたはあら
ゆる民に憎まれる。
一〇 そのとき、多くの人がつまずき、互いに裏切り、憎み合うようになる。
一一 偽預言者も大勢現れ、多くの人を惑わす。
一二 不法がはびこるので、多くの人の愛が冷える。
一三 しかし、最後まで耐え忍ぶ者は救われる。
一四 そして、御国のこの福音はあらゆる民への証しとして、全世界に宣べ伝えられる。それから、終わりが来る。」

マタイ第二四章二一―三一節

二一 そのときには、世界の初めから今までなく、今後も決してないほどの大きな苦難が来るからである。
二二 神がその期間を縮めてくださらなければ、だれ一人救われない。しかし、神は選ばれた人たちのた
めに、その期間を縮めてくださるであろう。
二三 そのとき、『見よ、ここにメシアがいる』『いや、ここだ』と言う者がいても、信じてはならない。
二四 偽メシアや偽預言者が現れて、大きなしるしや不思議な業を行い、できれば、選ばれた人たちをも惑
わそうとするからである。
二五 あなたがたには前もって言っておく。

二六　だから、人が『見よ、メシアは荒れ野にいる』と言っても、行ってはならない。また、『見よ、奥の部屋にいる』と言っても、信じてはならない。
二七　稲妻が東から西へひらめき渡るように、人の子も来るからである。
二八　死体のある所には、はげ鷹が集まるものだ。」
◆人の子が来る
二九　「その苦難の日々の後、たちまち／太陽は暗くなり、／月は光を放たず、／星は空から落ち、／天体は揺り動かされる。
三〇　そのとき、人の子の徴が天に現れる。そして、そのとき、地上のすべての民族は悲しみ、人の子が大いなる力と栄光を帯びて天の雲に乗って来るのを見る。
三一　人の子は、大きなラッパの音を合図にその天使たちを遣わす。天使たちは、天の果てから果てまで、彼によって選ばれた人たちを四方から呼び集める。」

マタイ第二四章三四―三九節

三四　はっきり言っておく。これらのことがみな起こるまでは、この時代は決して滅びない。
三五　天地は滅びるが、わたしの言葉は決して滅びない。」
◆目を覚ましていなさい
三六　「その日、その時は、だれも知らない。天使たちも子も知らない。ただ、父だけがご存じである。
三七　人の子が来るのは、ノアの時と同じだからである。
三八　洪水になる前は、ノアが箱舟に入るその日まで、人々は食べたり飲んだり、めとったり嫁いだりしていた。
三九　そして、洪水が襲って来て一人残らずさらうまで、何も気がつかなかった。人の子が来る場合も、このようである。

マタイ第二五章三〇―四六節

三〇　この役に立たない僕を外の暗闇に追い出せ。そこで泣きわめいて歯ぎしりするだろう。』」

◆すべての民族を裁く

三一　「人の子は、栄光に輝いて天使たちを皆従えて来るとき、その栄光の座に着く。
三二　そして、すべての国の民がその前に集められると、羊飼いが羊と山羊を分けるように、彼らをより分け、
三三　羊を右に、山羊を左に置く。
三四　そこで、王は右側にいる人たちに言う。『さあ、わたしの父に祝福された人たち、天地創造の時からお前たちのために用意されている国を受け継ぎなさい。
三五　お前たちは、わたしが飢えていたときに食べさせ、のどが渇いていたときに飲ませ、旅をしていたときに宿を貸し、
三六　裸のときに着せ、病気のときに見舞い、牢にいたときに訪ねてくれたからだ。』
三七　すると、正しい人たちが王に答える。『主よ、いつわたしたちは、飢えておられるのを見て食べ物を差し上げ、のどが渇いておられるのを見て飲み物を差し上げたでしょうか。
三八　いつ、旅をしておられるのを見てお宿を貸し、裸でおられるのを見てお着せしたでしょうか。
三九　いつ、病気をなさったり、牢におられたりするのを見て、お訪ねしたでしょうか。』
四〇　そこで、王は答える。『はっきり言っておく。わたしの兄弟であるこの最も小さい者の一人にしたのは、わたしにしてくれたことなのである。』
四一　それから、王は左側にいる人たちにも言う。『呪われた者ども、わたしから離れ去り、悪魔とその手下のために用意してある永遠の火に入れ。
四三　旅をしていたときに宿を貸さず、裸のときに着せず、病気のとき、牢にいたときに、訪ねてくれなかったからだ。』

四四　すると、彼らも答える。『主よ、いつわたしたちは、あなたが飢えたり、渇いたり、旅をしたり、裸であったり、病気であったり、牢におられたりするのを見て、お世話をしなかったでしょうか。』
四五　そこで、王は答える。『はっきり言っておく。この最も小さい者の一人にしなかったのは、わたしにしてくれなかったことなのである。』
四六　こうして、この者どもは永遠の罰を受け、正しい人たちは永遠の命にあずかるのである。」
最後の引用箇所は特に重要です。審判はどこを基準としてなされるのか、お分かりだと思います。世の終わりにキリストが来臨し、わたしたちの灰と土になった体を復活させます。そして復活した人々を集め、そこで公審判によって、人々を右と左に分けるのです。

「神父さん、わたしたちはどのような体を持って復活するのですか」

「生キテイタ時ノ、一番スバラシイ時代ノ体デショウ」

③エルサレムの終わり＝予言
マタイ第二三章三七節―第二四章二節
三七　「エルサレム、エルサレム、預言者たちを殺し、自分に遣わされた人々を石で打ち殺す者よ、めん鳥が雛を羽の下に集めるように、わたしはお前の子らを何度集めようとしたことか。だが、お前たちは応じようとしなかった。
三八　見よ、お前たちの家は見捨てられて荒れ果てる。
三九　言っておくが、お前たちは、『主の名によって来られる方に、祝福があるように』と言うときまで、今から後、決してわたしを見ることがない。」
マタイ第二四章一―二節

一　イエスが神殿の境内を出て行かれると、弟子たちが近寄って来て、イエスに神殿の建物を指さした。
二　そこで、イエスは言われた。「これらすべての物を見ないのか。はっきり言っておく。一つの石もここで崩されずに他の石の上に残ることはない。」

マタイ第二四章一五―二二節

一五　「預言者ダニエルの言った憎むべき破壊者が、聖なる場所に立つのを見たら――読者は悟れ――、
一六　そのとき、ユダヤにいる人々は山に逃げなさい。
一七　屋上にいる者は、家にある物を取り出そうとして下に降りてはならない。
一八　畑にいる者は、上着を取りに帰ってはならない。
一九　それらの日には、身重の女と乳飲み子を持つ女は不幸だ。
二〇　逃げるのが冬や安息日にならないように、祈りなさい。
二一　そのときには、世界の初めから今までなく、今後も決してないほどの大きな苦難が来るからである。
二二　神がその期間を縮めてくださらなければ、だれ一人救われない。しかし、神は選ばれた人たちのために、その期間を縮めてくださるであろう。

マタイ第二四章三二―三五節

三二　「いちじくの木から教えを学びなさい。枝が柔らかくなり、葉が伸びると、夏の近づいたことが分かる。
三三　それと同じように、あなたがたは、これらすべてのことを見たなら、人の子が戸口に近づいていると悟りなさい。
三四　はっきり言っておく。これらのことがみな起こるまでは、この時代は決して滅びない。
三五　天地は滅びるが、わたしの言葉は決して滅びない。」

②世の終わり＝公審判を人々に信じさせるため、キリストはエルサレムの終わりを予言します。この予言が行われたのは、キリストが生きていた紀元四十年頃でした。そしてこの予言どおり、実際にエルサレムが滅亡します。それは紀元七十年頃です。

使徒たちにとってエルサレムは全世界の中心でした。ですから、エルサレムの滅亡は全世界の終わりを意味していたのです。

ところで、①、②、③でそれぞれ引用したマタイの福音書は順番が混乱していることにお気づきになったことでしょう。なぜならば、それは予言が現実のものとなる前に書かれたからです。もしこれがエルサレム滅亡後に書かれていれば、順番はもっとすっきりとしたものとなっていたはずです。ルカはキリストの昇天後に書いたので、きちんとまとまったものになっています。

前にも述べましたが、「幸福」とは神を有することです。それは聖体拝領によってできますが、不完全な形で有します。世の終わりに初めて完全に神を有するのであり、そのとき人は完全な幸福となります。

（三）完全な幸福を得る三つの段階（まとめ）

一　教会に入る。それは神の命を受けるためです。これによって、「不完全に」神を有します。

二　死んでから霊魂は「完全なもの」である神を有します。しかしこのとき、霊魂は体を有していないので、まだまだ不完全に「完全なもの」を有することになります。この段階が私審判の段階です。

三　世の終わりに霊魂は体と共に復活して「完全なもの」を「完全に」有します。これが公審判の段階です。

人びとにこれらのことを信じさせるため、キリストは予言と奇跡を行いました。キリストは人間の弱さを知っていたのです。

以上でキリストの真理については終わりです。よくここまでお付き合いくださいました。あなたの忍耐強さに対し、心から尊敬の念を表します。どうぞ、一休みして楽しい夢を。次回からは「道」についての研究です。

# 第二章　道について

# 第二十話　道について＝愛の道

新しく愛の道の研究に入る前に、これまでの研究の復習と今後のプランを簡単にお示しします。わたしたちはキリストと違って、よく忘れることがありますので。

キリストは
- （Ⅰ）真理＝信仰の問題（第一話～第一九話）

- （Ⅱ）道＝愛の道（第二〇話～第二三話）
- （Ⅲ）命（第二四話～第二七話）

  - 神について
  - 人間について
  - キリストについ

  信じるだけではまだまだ不十分です。その信仰を実行する必要があります。しかし人間の力だけでは、この愛の道を歩むことはできません。新しい命が必要です。

  この新しい命は洗礼を受けることで得ることができます。

今日からは、この（Ⅱ）愛の道について研究します。愛の道とは神の御心を果たすことです。マタイ第七章二一節を読んでください。

二一　「わたしに向かって、『主よ、主よ』と言う者が皆、天の国に入るわけではない。わたしの天の父の御心を行う者だけが入るのである

（一）御心を行う二つの方法

「父の御心を行なう」には二つの方法があります。

① 「掟、命令」を果たすこと。これは平凡な道であり、全ての人が歩むべき道です。
② 「勧め、勧告」を果たすこと。これは①の掟ではなく理想的な道です。普通の人の道ではありません。これはもっと完全な道であり、特別な恵みを受けた人だけの道です。

これが神の御心を行なう二つの方法です。ただ、特に注意しなければならないのは、②です。普通のまじめな人は「聖書に書かれていること全てに従わなければならない」と考えます。しかしそうではありません。①の掟も聖書には書かれていますが、これは全ての人が従うべきものです。「掟の道」に従わないのは罪です。けれども、②「勧めの道」には全ての人が従う必要はないのです。どうぞ安心してください。

（二）「掟の道」と「勧めの道」との間にあるもの　マタイ第一九章一六―二二節を読んでください。

一六　さて、一人の男がイエスに近寄って来て言った。「先生、永遠の命を得るには、どんな善いことをすればよいのでしょうか。」
一七　イエスは言われた。「なぜ、善いことについて、わたしに尋ねるのか。善い方はおひとりである。もし命を得たいのなら、掟を守りなさい。」
一八　男が「どの掟ですか」と尋ねると、イエスは言われた。「『殺すな、姦淫するな、盗むな、偽証するな、
一九　父母を敬え、また、隣人を自分のように愛しなさい。』」
二〇　そこで、この青年は言った。「そういうことはみな守ってきました。まだ何か欠けているでしょうか。」
二一　イエスは言われた。「もし完全になりたいのなら、行って持ち物を売り払い、貧しい人々に施しなさい。そうすれば、天に富を積むことになる。それから、わたしに従いなさい。」

二〇　そこで、この青年は言った。「そういうことはみな守ってきました。まだ何か欠けているでしょうか。」
二一　イエスは言われた。「もし完全になりたいのなら、行って持ち物を売り払い、貧しい人々に施しなさい。そうすれば、天に富を積むことになる。それから、わたしに従いなさい。」
二二　青年はこの言葉を聞き、悲しみながら立ち去った。たくさんの財産を持っていたからである。

一八節、一九節が「掟の道」です。これに従わないのは罪です。二一節「もし完全になりたいのなら」に注目してください。キリストは一八節、一九節を守ればそれでよしとしました。その後に条件をつけたのです。「もし完全になりたいのなら」と。これが「勧めの道」です。

青年はとてもまじめだったようです。これを聞いて「悲しみながら立ち去った」のですから。それではこの青年は神の国に入ることができないのでしょうか。そうではありません。「掟の道」を歩めばよいのです。繰り返しになりますが「勧めの道」を歩むことができるのは特別な恵みを受けた人だけです。そうでない普通の人は①だけで十分なのです。「掟の道」と「勧めの道」との間にあるものを簡単に図で示します。

ここに記した聖書の箇所はどうぞ読んでおいてください。この図がもっとよく分かると思います。

掟の道（平凡な道）

愛
- 神を愛すること
- 人を愛すること

・マタイ第二二章三四―四〇節
・コリントの信徒への手紙（一）第一三章一―一三節
（信・愛・望）
・ヨハネの手紙（一）第四章七―二一節
（神は愛）

マタイ第一九章一六―二二節

勧めの道（理想的な道）
もっと完全になりたい
なら・・・しなさい

完徳

- 貞潔　マタイ第一九章一―一二節
- 清貧　マルコ第一〇章一三―二七節
- 従順　ルカ第九章二三―二六節
　　　ヨハネ第一二章二三―二六節

・マタイ第五章三八―四八節

「勧めの道」は必ずしも守らなくてよいのです。現代の「勧めの道」は司祭になる道です。全ての人が司祭になれる訳はありません。そのためには、繰り返しになりますが、特別な恵みが必要です。「掟の道」はたくさんあります。例えば、「十戒」もその一つです。しかしキリストにとって「十戒」はたった一つの掟の上に基づいています。それは「愛の掟」です。マタイ第二二章三四―四〇節を読んでください。

◆最も重要な掟

三四　ファリサイ派の人々は、イエスがサドカイ派の人々を言い込められたと聞いて、一緒に集まった。
三五　そのうちの一人、律法の専門家が、イエスを試そうとして尋ねた。
三六　「先生、律法の中で、どの掟が最も重要でしょうか。」
三七　イエスは言われた。「『心を尽くし、精神を尽くし、思いを尽くして、あなたの神である主を愛しなさい。』
三八　これが最も重要な第一の掟である。

三九　第二も、これと同じように重要である。『隣人を自分のように愛しなさい。』
四〇　律法全体と預言者は、この二つの掟に基づいている。」

キリストの掟は神に対する愛と人に対する愛だけなのです。そして神は愛そのものです。ヨハネの手紙（一）第四章七―二一節を読んでください。

◆神は愛

七　愛する者たち、互いに愛し合いましょう。愛は神から出るもので、愛する者は皆、神から生まれ、神を知っているからです。
八　愛することのない者は神を知りません。神は愛だからです。
九　神は、独り子を世にお遣わしになりました。その方によって、わたしたちが生きるようになるためです。ここに、神の愛がわたしたちの内に示されました。
一〇　わたしたちが神を愛したのではなく、神がわたしたちを愛して、わたしたちの罪を償ういけにえとして、御子をお遣わしになりました。ここに愛があります。
一一　愛する者たち、神がこのようにわたしたちを愛されたのですから、わたしたちも互いに愛し合うべきです。
一二　いまだかつて神を見た者はいません。わたしたちが互いに愛し合うならば、神はわたしたちの内にとどまってくださり、神の愛がわたしたちの内で全うされているのです。
一三　神はわたしたちに、御自分の霊を分け与えてくださいました。このことから、わたしたちが神の内にとどまり、神もわたしたちの内にとどまってくださることが分かります。
一四　わたしたちはまた、御父が御子を世の救い主として遣わされたことを見、またそのことを証ししています。

一五　イエスが神の子であることを公に言い表す人はだれでも、神がその人の内にとどまってくださり、その人も神の内にとどまります。
一六　わたしたちは、わたしたちに対する神の愛を知り、また信じています。神は愛です。愛にとどまる人は、神の内にとどまり、神もその人の内にとどまってくださいます。
一七　こうして、愛がわたしたちの内に全うされているので、裁きの日に確信を持つことができます。この世でわたしたちも、イエスのようであるからです。
一八　愛には恐れがない。完全な愛は恐れを締め出します。なぜなら、恐れは罰を伴い、恐れる者には愛が全うされていないからです。
一九　わたしたちが愛するのは、神がまずわたしたちを愛してくださったからです。
二〇　「神を愛している」と言いながら兄弟を憎む者がいれば、それは偽り者です。目に見える兄弟を愛さない者は、目に見えない神を愛することができません。
二一　神を愛する人は、兄弟をも愛すべきです。これが、神から受けた掟です。

ここに記されているように、神は愛そのものです。神は存在しています。わたしたちも存在しています。わたしたちの目的はその神の存在に参加することです。相手を愛さないなら神をも愛さないに等しいでしょう。全てのものは神からきているのだと考えることが大切ではないでしょうか。時間がある人は『幼きテレジアの自叙伝』を読んでみてください。

それでは、今日はこれで一休みいたしましょう。次回は「掟の道」をさらに詳しく研究します

## 第二十一話　「掟の道」

「掟の道」とは、神に対する愛と人間に対する愛の道です。人間には知らない人、敵、悪人も含まれます。人間は人の欠点だけを見るならば、愛するよりも憎むほうが易しいでしょう。しかし罪びとの内にさえ神はおられます（神の遍在）。そのため、罪びとさえもわたしたちは愛さなければなりません。「この小さな一人にしてくれたのは、わたしにしてくれたのである」（マタイ第二五章四〇節）。

掟について、次の引用箇所を読んでください。

ヨハネ第一四章一二―一五節

一二　はっきり言っておく。わたしを信じる者は、わたしが行う業を行い、また、もっと大きな業を行うようになる。わたしが父のもとへ行くからである。
一三　わたしの名によって願うことは、何でもかなえてあげよう。こうして、父は子によって栄光をお受けになる。
一四　わたしの名によって何かを願うならば、わたしがかなえてあげよう。」
◆聖霊を与える約束
一五　「あなたがたは、わたしを愛しているならば、わたしの掟を守る。

ヨハネ第一五章九―一〇節

九　父がわたしを愛されたように、わたしもあなたがたを愛してきた。わたしの愛にとどまりなさい。
一〇　わたしが父の掟を守り、その愛にとどまっているように、あなたがたも、わたしの掟を守るなら、わたしの愛にとどまっていることになる。

これらの引用における「掟」とは、旧約の「十戒」と「教会の掟」です。

（一）「十戒」

出エジプト記第二〇章一―一七節に書かれています。

一　神はこれらすべての言葉を告げられた。

二　「わたしは主、あなたの神、あなたをエジプトの国、奴隷の家から導き出した神である。

三　あなたには、わたしをおいてほかに神があってはならない。

四　あなたはいかなる像も造ってはならない。上は天にあり、下は地にあり、また地の下の水の中にある、いかなるものの形も造ってはならない。

五　あなたはそれらに向かってひれ伏したり、それらに仕えたりしてはならない。わたしは主、あなたの神。わたしは熱情の神である。わたしを否む者には、父祖の罪を子孫に三代、四代までも問うが、

六　わたしを愛し、わたしの戒めを守る者には、幾千代にも及ぶ慈しみを与える。

七　あなたの神、主の名をみだりに唱えてはならない。みだりにその名を唱える者を主は罰せずにはおかれない。

八　安息日を心に留め、これを聖別せよ。

九　六日の間働いて、何であれあなたの仕事をし、

一〇　七日目は、あなたの神、主の安息日であるから、いかなる仕事もしてはならない。あなたも、息子も、娘も、男女の奴隷も、家畜も、あなたの町の門の中に寄留する人々も同様である。

一一　六日の間に主は天と地と海とそこにあるすべてのものを造り、七日目に休まれたから、主は安息日

を祝福して聖別されたのである。
一二　あなたの父母を敬え。そうすればあなたは、あなたの神、主が与えられる土地に長く生きることができる。
一三　殺してはならない。
一四　姦淫してはならない。
一五　盗んではならない。
一六　隣人に関して偽証してはならない。
一七　隣人の家を欲してはならない。隣人の妻、男女の奴隷、牛、ろばなど隣人のものを一切欲してはならない。」
一八　民全員は、雷鳴がとどろき、稲妻が光り、角笛の音が鳴り響いて、山が煙に包まれる有様を見た。民は見て恐れ、遠く離れて立ち、
一九　モーセに言った。「あなたがわたしたちに語ってください。わたしたちは聞きます。神がわたしたちにお語りにならないようにしてください。そうでないと、わたしたちは死んでしまいます。」
二〇　モーセは民に答えた。「恐れることはない。神が来られたのは、あなたたちを試すためであり、また、あなたたちの前に神を畏れる畏れをおいて、罪を犯させないようにするためである。」

この引用に基づいて「十戒」は次のように定められました。

・第一　わたしのほかに神があってはならない。
・第二　あなたの神、主の名をみだりに唱えてはならない。
・第三　主の日を心にとどめ、これを聖とせよ。

・第四　あなたの父母を敬え。
・第五　殺してはならない。
・第六　姦淫してはならない。
・第七　盗んではならない。
・第八　隣人に関して偽証してはならない。
・第九　隣人の妻を欲してはならない。
・第十　隣人の財産を欲してはならない。

これが、「十戒」です。

（二）教会の掟
・第一　日曜日と守るべき祝日にミサ聖祭にあずかり労働を休むこと。
・第二　少なくとも毎年一度罪を告白すること。
・第三　少なくとも毎年一度復活祭のころに聖体を受けること。
・第四　定められた日に償いの務めを果たすこと。
・第五　おのおのの分に応じて教会の維持費を負担すること。

以上が「教会の掟」です。「教会の掟」は後から定められたもので、聖書には書かれていません。これら（一）及び（二）に従わなければ、罪になります。キリストが生きていた時代、教会はありませんでした。キリストが教会そのものだったのです。

（三）掟どうしの衝突

①例えば、十七歳の未成年の信者がいたとします。父親は普段忙しくて、日曜日の朝九時にしか家族と一緒に食事をすることができません。しかし主日のミサは九時から始まります。この信者は、父親と食事をするのがよいか、それとも食事をしないでミサに与るのがよいでしょうか。

②二十五歳成人の場合はどうでしょうか。

③十七歳の未成年が洗礼を受けたいと希望しています。しかし親の反対があります。親の反対を押し切って洗礼を受けるべきでしょうか。

④二十五歳の成人の場合はどうでしょうか。

⑤聖金曜日に食事に招かれました。そこで小さなハムが入ったオムレツが出されました。聖金曜日には肉食が禁じられています。教会の掟の第四です。これを食べるべきでしょうか。

以上のような場合、信者にとっては「十戒」と「教会の掟」との間で「掟」の衝突があります。

（四）「掟」に関する考え方の基本原則

「掟」どうしでどちらが優先するかを考えることです。

（A）「十戒」は「教会の掟」よりも上にあります。

「十戒」は神が定めた掟であり、「教会の掟」は人間が定めた掟です。そのため、神が定めた掟が優先します。また「十戒」どうしの中での衝突がある場合、あるいは「教会の掟」どうしで衝突がある場合、どちらも先にある掟が次にある掟よりも優先します。

（B）「神に対する掟」と「人間に対する掟」とでは、「神に対する掟」が優先します。
「十戒」においては、第一から第三までは神に対する掟であり、第四から第十までは人間に対する掟です。
「教会の掟」においては、第一から第三までは神に対する掟であり、第四と第五は人間に対しての掟です。

以上（A）と（B）の原則を踏まえて前述の問題点①～⑤を解決してみましょう。

①の場合、「十戒」の第四「あなたの父母を敬え」と「教会の掟」の第一「日曜日と守るべき祝日にミサ聖祭にあずかり労働を休むこと」とが衝突します。
この場合、その人は未成年であるので、まだ親の保護下にあります。そのため、神が定めた「十戒」が優先します。つまり、信者とはいえ、ミサよりも父親と食事をするほうが優先します。
②の場合、その人はもう成年です。独立した一個人として「教会の掟」が優先します。親を説得してミサに与ることが望ましいでしょう。
③の場合、神が定めた「十戒」の第一「わたしのほかに神があってはならない」と「十戒」の第四「あなたの父母を敬え」が衝突します。しかしこの場合、未成年ですし、まだ信者ではありません。親の保護の下にあります。このような未成年の場合は、本人の神への愛、信仰の強さによります。無理をしないで、成人に達するまで待つことも大切でしょう。
④の場合、本人は既に成人です。自己責任において「十戒」の第一を優先して洗礼を受けるべきでしょう。親は命令する権利がないと思います。
⑤の場合、神の「十戒」の第四の隣人愛と「教会の掟」の第四「定められた日に償いの務めを果たすこと」が衝突します。ここでは神の掟が上にあります。隣人愛を優先する観点から、即ち、招いてくださった人に対

する敬意から、小斎日であっても肉料理を食べてよいでしょう。

リシャール神父「キリストが生きていた時代に、日曜日ごとのミサはありませんでした。キリストと共に生きることがミサそのものだったのです。日曜日にミサに与るようにという掟は、だからありませんでした。」

それでは今日はこれで一休みしましょう。掟どうしが衝突した場合、パニックに陥らないで、どちらが優先するかじっくり考えてみるのもおもしろいですね。考え過ぎると眠れなくなるかもしれません。どうぞ安心して休んでください。次回は「勧めの道」について研究します。

# 第二十二話　「勧めの道」

「勧めの道」は全員が従わなくてもよい掟です。ここでちょっとこれまでの復習をしましょう。

これまでわたしたちは真理＝信仰について学びました。信仰とはⓐ神について、ⓑ人間について、ⓒキリストについて、そしてⓓ国についての4つの信仰がありました。これはヨハネ第三章一六節に基づいています。

一六　神は、その独り子をお与えになったほどに、世を愛された。独り子を信じる者が一人も滅びないで、永遠の命を得るためである

「ⓐ神は、ⓒその独り子をお与えになったほどに、世を愛された。ⓑ独り子を信じる者が一人も滅びないで、ⓓ永遠の命　を得るためである」。わたしたちはこのようにⓐ、ⓑ、ⓒ、ⓓをこれまで順番に学んできました。その学びの中で、ⓓ永遠の命を得るためには掟に従わなければならないことも学びました。その掟は二つあります。「掟の道」と「勧めの道」です。「掟の道」は従わなければ罪です。「勧めの道」は必ずしも全員が従わなくてもよい道です。今日はその「勧めの道」を研究します。

マタイ第一九章一六―二二節を読んでください。

（一）勧めの霊的な道

一六　さて、一人の男がイエスに近寄って来て言った。「先生、永遠の命を得るには、どんな善いことをすればよいのでしょうか。」

一七　イエスは言われた。「なぜ、善いことについて、わたしに尋ねるのか。善い方はおひとりである。もし命を得たいのなら、掟を守りなさい。」

一八　男が「どの掟ですか」と尋ねると、イエスは言われた。「『殺すな、姦淫するな、盗むな、偽証するな、
一九　父母を敬え、また、隣人を自分のように愛しなさい。』」
二〇　そこで、この青年は言った。「そういうことはみな守ってきました。まだ何か欠けているでしょうか。」
二一　イエスは言われた。「もし完全になりたいのなら、行って持ち物を売り払い、貧しい人々に施しなさい。そうすれば、天に富を積むことになる。それから、わたしに従いなさい。」
二二　青年はこの言葉を聞き、悲しみながら立ち去った。たくさんの財産を持っていたからである。

ここで重要なのは二一節「もし完全になりたいのなら」です。これは「完徳の道」と呼ばれています。完全な徳を所有する道です。マタイ第五章三八―四八節を読んでください。

三八「あなたがたも聞いているとおり、『目には目を、歯には歯を』と命じられている。
三九　しかし、わたしは言っておく。悪人に手向かってはならない。だれかがあなたの右の頬を打つなら、左の頬をも向けなさい。
四〇　あなたを訴えて下着を取ろうとする者には、上着をも取らせなさい。
四一　だれかが、一ミリオン行くように強いるなら、一緒に二ミリオン行きなさい。
四二　求める者には与えなさい。あなたから借りようとする者に、背を向けてはならない。」

◆敵を愛しなさい

四三「あなたがたも聞いているとおり、『隣人を愛し、敵を憎め』と命じられている。
四四　しかし、わたしは言っておく。敵を愛し、自分を迫害する者のために祈りなさい。
四五　あなたがたの天の父の子となるためである。父は悪人にも善人にも太陽を昇らせ、正しい者にも正しくない者にも雨を降らせてくださるからである。

四六　自分を愛してくれる人を愛したところで、あなたがたにどんな報いがあろうか。徴税人でも、同じことをしているではないか。
四七　自分の兄弟にだけ挨拶したところで、どんな優れたことをしたことになろうか。異邦人でさえ、同じことをしているではないか。
四八　だから、あなたがたの天の父が完全であられるように、あなたがたも完全な者となりなさい。」
四八節「完全な者となりなさい」に注目してください。「完全」には三つの「完全」があります。

（二）三つの「完全」

（A）清貧について
マルコ第一〇章一三―二七節を読んでください。
一三　イエスに触れていただくために、人々が子供たちを連れて来た。弟子たちはこの人々を叱った。
一四　しかし、イエスはこれを見て憤り、弟子たちに言われた。「子供たちをわたしのところに来させなさい。妨げてはならない。神の国はこのような者たちのものである。
一五　はっきり言っておく。子供のように神の国を受け入れる人でなければ、決してそこに入ることはできない。」
一六　そして、子供たちを抱き上げ、手を置いて祝福された。
◆金持ちの男
一七　イエスが旅に出ようとされると、ある人が走り寄って、ひざまずいて尋ねた。「善い先生、永遠の命を受け継ぐには、何をすればよいでしょうか。」
一八　イエスは言われた。「なぜ、わたしを『善い』と言うのか。神おひとりのほかに、善い者はだれもいいない。
一九　『殺すな、姦淫するな、盗むな、偽証するな、奪い取るな、父母を敬え』という掟をあなたは知っているはずだ。」
二〇　すると彼は、「先生、そういうことはみな、子供の時から守ってきました」と言った。
二一　イエスは彼を見つめ、慈しんで言われた。「あなたに欠けているものが一つある。行って持っている物を売り払い、貧しい人々に施しなさい。そうすれば、天に富を積むことになる。それから、わたしに従いなさい。」
二二　その人はこの言葉に気を落とし、悲しみながら立ち去った。たくさんの財産を持っていたからである。
二三　イエスは弟子たちを見回して言われた。「財産のある者が神の国に入るのは、なんと難しいことか。」
二四　弟子たちはこの言葉を聞いて驚いた。イエスは更に言葉を続けられた。「子たちよ、神の国に入るのは、なんと難しいことか。
二五　金持ちが神の国に入るよりも、らくだが針の穴を通る方がまだ易しい。」
二六　弟子たちはますます驚いて、「それでは、だれが救われるのだろうか」と互いに言った。
二七　イエスは彼らを見つめて言われた。「人間にできることではないが、神にはできる。神は何でもできるからだ。」

二三節で「財産のある者が神の国に入るのは、なんと難しいことか」と、キリストはいっていますが、これは「入ることはできない」という意味ではありません。二五節「金持ちが神の国に入るよりも、らくだが針の穴を通る方がまだ易しい」の「針の穴」とは、当時のエルサレムの町の入口が「針の穴」と呼ばれていたことを指しています。「人間にはできないことでも、神は何でもできますよ」ということをキリストは強調したかったのです。

（B）貞潔について

マタイ第一九章一―一二節を読んでください。

一　イエスはこれらの言葉を語り終えると、ガリラヤを去り、ヨルダン川の向こう側のユダヤ地方に行かれた。
二　大勢の群衆が従った。イエスはそこで人々の病気をいやされた。
三　ファリサイ派の人々が近寄り、イエスを試そうとして、「何か理由があれば、夫が妻を離縁することは、律法に適っているでしょうか」と言った。
四　イエスはお答えになった。「あなたたちは読んだことがないのか。創造主は初めから人を男と女とにお造りになった。」
五　そして、こうも言われた。「それゆえ、人は父母を離れてその妻と結ばれ、二人は一体となる。
六　だから、二人はもはや別々ではなく、一体である。従って、神が結び合わせてくださったものを、人は離してはならない。」
七　すると、彼らはイエスに言った。「では、なぜモーセは、離縁状を渡して離縁するように命じたのですか。」
八　イエスは言われた。「あなたたちの心が頑固なので、モーセは妻を離縁することを許したのであって、初めからそうだったわけではない。
九　言っておくが、不法な結婚でもないのに妻を離縁して、他の女を妻にする者は、姦通の罪を犯すことになる。」
一〇　弟子たちは、「夫婦の間柄がそんなものなら、妻を迎えない方がましです」と言った。
一一　イエスは言われた。「だれもがこの言葉を受け入れるのではなく、恵まれた者だけである。
一二　結婚できないように生まれついた者、人から結婚できないようにされた者もいるが、天の国のために結婚しない者もいる。これを受け入れることのできる人は受け入れなさい。」

一〇―一二節に書かれているように、神は各人にそれぞれに応じた恵みを与えてくださいました。結婚しないのはその人に応じた特別な恵みが与えられているからです。全員が同じ恵みを与えられているわけがありません。ですから「これを受け入れることのできる人は受け入れなさい」と、条件を付けています。受け入れることができない人は受け入れなくてもよい、即ち、従わなくてもよい道なのです。従わなかったからといって罪になることはありません。

(C) 従順について

ルカ第九章二三―二六節を読んでください。

二三　それから、イエスは皆に言われた。「わたしについて来たい者は、自分を捨て、日々、自分の十字架を背負って、わたしに従いなさい。

二四　自分の命を救いたいと思う者は、それを失うが、わたしのために命を失う者は、それを救うのである。

二五　人は、たとえ全世界を手に入れても、自分の身を滅ぼしたり、失ったりしては、何の得があろうか。

二六　わたしとわたしの言葉を恥じる者は、人の子も、自分と父と聖なる天使たちとの栄光に輝いて来るときに、その者を恥じる。

ヨハネ第一二章一〇―二六節も読んでください。

一〇　祭司長たちはラザロをも殺そうと謀った。

一一　多くのユダヤ人がラザロのことで離れて行って、イエスを信じるようになったからである。

◆エルサレムに迎えられる

一二　その翌日、祭りに来ていた大勢の群衆は、イエスがエルサレムに来られると聞き、

一三　なつめやしの枝を持って迎えに出た。そして、叫び続けた。「ホサナ。主の名によって来られる方
に、祝福があるように、／イスラエルの王に。」
一四　イエスはろばの子を見つけて、お乗りになった。次のように書いてあるとおりである。
一五　「シオンの娘よ、恐れるな。見よ、お前の王がおいでになる、／ろばの子に乗って。」
一六　弟子たちは最初これらのことが分からなかったが、イエスが栄光を受けられたとき、それがイエス
について書かれたものであり、人々がそのとおりにイエスにしたということを思い出した。
一七　イエスがラザロを墓から呼び出して、死者の中からよみがえらせたとき一緒にいた群衆は、その証
しをしていた。
一八　群衆がイエスを出迎えたのも、イエスがこのようなしるしをなさったと聞いていたからである。
一九　そこで、ファリサイ派の人々は互いに言った。「見よ、何をしても無駄だ。世をあげてあの男につ
いて行ったではないか。」

◆ギリシア人、イエスに会いに来る

二〇　さて、祭りのとき礼拝するためにエルサレムに上って来た人々の中に、何人かのギリシア人がいた。
二一　彼らは、ガリラヤのベトサイダ出身のフィリポのもとへ来て、「お願いです。イエスにお目にかか
りたいのです」と頼んだ。
二二　フィリポは行ってアンデレに話し、アンデレとフィリポは行って、イエスに話した。
二三　イエスはこうお答えになった。「人の子が栄光を受ける時が来た。
二四　はっきり言っておく。一粒の麦は、地に落ちて死ななければ、一粒のままである。だが、死ねば、
多くの実を結ぶ。
二五　自分の命を愛する者は、それを失うが、この世で自分の命を憎む人は、それを保って永遠の命に至る。
二六　わたしに仕えようとする者は、わたしに従え。そうすれば、わたしのいるところに、わたしに仕え

る者もいることになる。わたしに仕える者がいれば、父はその人を大切にしてくださる。」

キリストは「わたしに従いなさい」といっています。この言葉に従順に従っているのが、現代まで続いている司祭たちです。わたしたち一般人とはここが違います。

これら（A）、（B）、（C）の結果として何があるのでしょうか。マルコ第一〇章二八―三〇節を読んでください。

二八　ペトロがイエスに、「このとおり、わたしたちは何もかも捨ててあなたに従って参りました」と言いだした。
二九　イエスは言われた。「はっきり言っておく。わたしのためまた福音のために、家、兄弟、姉妹、母、父、子供、畑を捨てた者はだれでも、
三〇　今この世で、迫害も受けるが、家、兄弟、姉妹、母、子供、畑も百倍受け、後の世では永遠の命を受ける。

ルカ第一八章二八―三〇節も読んでください。

二八　するとペトロが、「このとおり、わたしたちは自分の物を捨ててあなたに従って参りました」と言った。
二九　イエスは言われた。「はっきり言っておく。神の国のために、家、妻、兄弟、両親、子供を捨てた者はだれでも、
三〇　この世ではその何倍もの報いを受け、後の世では永遠の命を受ける。」

このように、「たくさん与えるならばたくさん受けることになります」とキリストは教えています。

以上が「勧めの道」です。それでは今日はこれで一休みです。お金持ちの青年のように「自分にはできな

い」とがっかりしないでください。人それぞれの能力に応じて、神は恵みを与えてくださっています。神は全知ですから、その人の能力を完全に知っています。安心して休みましょう。次回はいよいよ命について研究します。

# 第三章　命について

# 第二十三話　命の本質

キリストは（Ⅰ）真理、（Ⅱ）道、（Ⅲ）命です。これはヨハネ第一四章六節に基づいています。今日からは最後の段階である（Ⅲ）命（秘蹟）について研究します。これは普通の命ではありません。

神の国は超自然的な国です。そして信仰も愛も超自然的なものです。わたしたちの自然の命では、これら超自然的な信仰も愛も実行できません。そのため、わたしたちも超自然的な、特別な命をいただく、つまり洗礼を受けることで超自然的な信仰と愛が実行可能となります。次の図はこれから研究する命についての道筋を示しています。

（Ⅲ）命
- （A）命の本質
  - （一）キリストがこの世に来たのはその生命を与えるためです。
    - ・ヨハネ第一〇章一―一八節
  - （二）その命はキリストの命です。
    - ・ヨハネ第一五章一―一一節
  - （三）キリスト＝神だから
    - ・ヨハネ第一四章一六―二四節
  - （四）結果として内的な平安、平和があります。しかしそれはこの世が与える平和ではありません。
    - ・マタイ第一〇章三四―三九節
    - ・マタイ第一一章二五―三〇節
    - ・ルカ第一二章五一―五三節
    - ・ヨハネ第一四章二五―二七節
    - ・ヨハネ第一五章一八―二一節
- （B）命の受け方
  - 秘蹟
  - 祈り

(一) 命の本質について

(A) キリストがこの世に来たのは、その命を与えるためです。ヨハネ第一〇章一―一八節を読んでください。

一　「はっきり言っておく。羊の囲いに入るのに、門を通らないでほかの所を乗り越えて来る者は、盗人であり、強盗である。
二　門から入る者が羊飼いである。
三　門番は羊飼いには門を開き、羊はその声を聞き分ける。羊飼いは自分の羊の名を呼んで連れ出す。
四　自分の羊をすべて連れ出すと、先頭に立って行く。羊はその声を知っているので、ついて行く。
五　しかし、ほかの者には決してついて行かず、逃げ去る。ほかの者たちの声を知らないからである。」
六　イエスは、このたとえをファリサイ派の人々に話されたが、彼らはその話が何のことか分からなかった。

◆イエスは良い羊飼い

七　イエスはまた言われた。「はっきり言っておく。わたしは羊の門である。
八　わたしより前に来た者は皆、盗人であり、強盗である。しかし、羊は彼らの言うことを聞かなかった。
九　わたしは門である。わたしを通って入る者は救われる。その人は、門を出入りして牧草を見つける。
一〇　盗人が来るのは、盗んだり、屠ったり、滅ぼしたりするためにほかならない。わたしが来たのは、羊が命を受けるため、しかも豊かに受けるためである。
一一　わたしは良い羊飼いである。良い羊飼いは羊のために命を捨てる。
一二　羊飼いでなく、自分の羊を持たない雇い人は、狼が来るのを見ると、羊を置き去りにして逃げる。――狼は羊を奪い、また追い散らす。――
一三　彼は雇い人で、羊のことを心にかけていないからである。
一四　わたしは良い羊飼いである。わたしは自分の羊を知っており、羊もわたしを知っている。

一五　それは、父がわたしを知っておられ、わたしが父を知っているのと同じである。わたしは羊のために命を捨てる。
一六　わたしには、この囲いに入っていないほかの羊もいる。その羊をも導かなければならない。その羊もわたしの声を聞き分ける。こうして、羊は一人の羊飼いに導かれ、一つの群れになる。
一七　わたしは命を、再び受けるために、捨てる。それゆえ、父はわたしを愛してくださる。
一八　だれもわたしから命を奪い取ることはできない。わたしは自分でそれを捨てる。わたしは命を捨てることもでき、それを再び受けることもできる。これは、わたしが父から受けた掟である。」

一〇節に書かれているように、「神性の命を与えるため」キリストはこの世に来ました。どのような方法でその命をキリストは与えましたか。一五節と一七節に書かれています。即ち、人性の命を捨てることでその命を与えます。キリストは神性の命を人間に与えるため、人性の命を十字架で捨てたのです。

(二)　その命はキリストの命です。

ヨハネ第一五章一―一一節を読んでください。

一　「わたしはまことのぶどうの木、わたしの父は農夫である。
二　わたしにつながっていながら、実を結ばない枝はみな、父が取り除かれる。しかし、実を結ぶものはみな、いよいよ豊かに実を結ぶように手入れをなさる。
三　わたしの話した言葉によって、あなたがたは既に清くなっている。
四　わたしにつながっていなさい。わたしもあなたがたにつながっている。ぶどうの枝が、木につながっていなければ、自分では実を結ぶことができないように、あなたがたも、わたしにつながっていなければ、実を結ぶことができない。

五　わたしはぶどうの木、あなたがたはその枝である。人がわたしにつながっており、わたしもその人につながっていれば、その人は豊かに実を結ぶ。わたしを離れては、あなたがたは何もできないからである。
六　わたしにつながっていない人がいれば、枝のように外に投げ捨てられて枯れる。そして、集められ、火に投げ入れられて焼かれてしまう。
七　あなたがたがわたしにつながっており、わたしの言葉があなたがたの内にいつもあるならば、望むものを何でも願いなさい。そうすればかなえられる。
八　あなたがたが豊かに実を結び、わたしの弟子となるなら、それによって、わたしの父は栄光をお受けになる。
九　父がわたしを愛されたように、わたしもあなたがたを愛してきた。わたしの愛にとどまりなさい。
一〇　わたしが父の掟を守り、その愛にとどまっているように、あなたがたも、わたしの掟を守るなら、わたしの愛にとどまっていることになる。
一一　これらのことを話したのは、わたしの喜びがあなたがたの内にあり、あなたがたの喜びが満たされるためである。

キリストの命とわたしたちの命はキリストにつながっている必要があります。その結果、一一節に表現されているように「大きな喜び」があります。キリストがわたしたちの中にいて、その結果として永遠の新しい命の喜びがあります。その喜びを受けるにはキリストによらなければなりません。

一—六節、（特に五節）までは新しい命についての教えです。七—八節は信仰についての教えです。信仰の実を刈り取ることでより多くの実を結びます。九—一〇節は愛の実についての教えです。枝と木の中の樹液は同じです。樹液は命です。枝（わたしたち）と木（キリスト）は同じ命です。これらがキリストによる新しい命にかんする教えです。

（三）キリスト＝神だから、キリストの命＝神の命です。

ヨハネ第一四章一六―二四節を読んでください。

一六　わたしは父にお願いしよう。父は別の弁護者を遣わして、永遠にあなたがたと一緒にいるようにしてくださる。
一七　この方は、真理の霊である。世は、この霊を見ようとも知ろうともしないので、受け入れることができない。しかし、あなたがたはこの霊を知っている。この霊があなたがたと共におり、これからも、あなたがたの内にいるからである。
一八　わたしは、あなたがたをみなしごにはしておかない。あなたがたのところに戻って来る。
一九　しばらくすると、世はもうわたしを見なくなるが、あなたがたはわたしを見る。わたしが生きているので、あなたがたも生きることになる。
二〇　かの日には、わたしが父の内におり、あなたがたがわたしの内におり、わたしもあなたがたの内にいることが、あなたがたに分かる。
二一　わたしの掟を受け入れ、それを守る人は、わたしを愛する者である。わたしを愛する人は、わたしの父に愛される。わたしもその人を愛して、その人にわたし自身を現す。」
二二　イスカリオテでない方のユダが、「主よ、わたしたちには御自分を現そうとなさるのに、世にはそうなさらないのは、なぜでしょうか」と言った。
二三　イエスはこう答えて言われた。「わたしを愛する人は、わたしの言葉を守る。わたしの父はその人を愛され、父とわたしとはその人のところに行き、一緒に住む。
二四　わたしを愛さない者は、わたしの言葉を守らない。あなたがたが聞いている言葉はわたしのものではなく、わたしをお遣わしになった父のものである。

これは三位一体の命についての教えです。具体的には、

・父　二二節―二四節、特に二三節です。
・子　一八節―二一節、特に二〇節です。
・聖霊　一六節―一七節、特に一七節です。

(四) その結果として内的な平安、平和があります。

ヨハネ第一四章二五―二七節です。

二五　わたしは、あなたがたといたときに、これらのことを話した。
二六　しかし、弁護者、すなわち、父がわたしの名によってお遣わしになる聖霊が、あなたがたにすべてのことを教え、わたしが話したことをことごとく思い起こさせてくださる。
二七　わたしは、平和をあなたがたに残し、わたしの平和を与える。わたしはこれを、世が与えるように与えるのではない。心を騒がせるな。おびえるな。

しかし二七節で述べられているように、この世の平和、政治的平和でもなく、外面的な平和、例えば病気が治るとかの平和でもありません。

ルカ第一二章五一―五三節を読んでください。

五一　あなたがたは、わたしが地上に平和をもたらすために来たと思うのか。そうではない。言っておくが、むしろ分裂だ。

五二　今から後、一つの家に五人いるならば、三人は二人と、二人は三人と対立して分かれるからである。
五三　父は子と、子は父と、／母は娘と、娘は母と、／しゅうとめは嫁と、嫁はしゅうとめと、／対立して分かれる。」

このように「分裂」や「対立」もあります。マタイ第一〇章三四―三九節ではどうでしょう。

三四　「わたしが来たのは地上に平和をもたらすためだ、と思ってはならない。平和ではなく、剣をもたらすために来たのだ。
三五　わたしは敵対させるために来たからである。人をその父に、／娘を母に、／嫁をしゅうとめに。
三六　こうして、自分の家族の者が敵となる。
三七　わたしよりも父や母を愛する者は、わたしにふさわしくない。わたしよりも息子や娘を愛する者も、わたしにふさわしくない。
三八　また、自分の十字架を担ってわたしに従わない者は、わたしにふさわしくない。
三九　自分の命を得ようとする者は、それを失い、わたしのために命を失う者は、かえってそれを得るのである。」

「剣」や「敵対」があるとキリストは教えています。マタイ第一一章二五―三〇節ではどうでしょうか。

二五　そのとき、イエスはこう言われた。「天地の主である父よ、あなたをほめたたえます。これらのことを知恵ある者や賢い者には隠して、幼子のような者にお示しになりました。
二六　そうです、父よ、これは御心に適うことでした。
二七　すべてのことは、父からわたしに任せられています。父のほかに子を知る者はなく、子と、子が示そうと思う者のほかには、父を知る者はいません。

二八　疲れた者、重荷を負う者は、だれでもわたしのもとに来なさい。休ませてあげよう。
二九　わたしは柔和で謙遜な者だから、わたしの軛を負い、わたしに学びなさい。そうすれば、あなたがたは安らぎを得られる。
三〇　わたしの軛は負いやすく、わたしの荷は軽いからである。」

「重荷」や「軛」もあります。しかし安心してください。キリストはその人の力に似合った重荷と軛を与えます。三〇節に書かれているとおりです。最後にヨハネ第一五章一六―二一節を読んでください。

一六　あなたがたがわたしを選んだのではない。わたしがあなたがたを選んだ。あなたがたが出かけて行って実を結び、その実が残るようにと、また、わたしの名によって父に願うものは何でも与えられるようにと、わたしがあなたがたを任命したのである。
一七　互いに愛し合いなさい。これがわたしの命令である。」

◆迫害の予告
一八　「世があなたがたを憎むなら、あなたがたを憎む前にわたしを憎んでいたことを覚えなさい。
一九　あなたがたが世に属していたなら、世はあなたがたを身内として愛したはずである。だが、あなたがたは世に属していない。わたしがあなたがたを世から選び出した。だから、世はあなたがたを憎むのである。
二〇　『僕は主人にまさりはしない』と、わたしが言った言葉を思い出しなさい。人々がわたしを迫害したのであれば、あなたがたをも迫害するだろう。わたしの言葉を守ったのであれば、あなたがたの言葉をも守るだろう。
二一　しかし人々は、わたしの名のゆえに、これらのことをみな、あなたがたにするようになる。わたしをお遣わしになった方を知らないからである。

「迫害」や「憎み」まであるとキリストはいいます。キリストがわたしたちに与えるのは外面的平和ではありません。自分が失った命を与える、平和ではなく争いを与えるなど、驚くべき逆説がここにはみられます。わたしたちも洗礼を受けたからといって大喜びする訳はありません。

外面的には、分裂や敵対があるかもしれないのです。特にキリスト教信者ではない両親を持った子供が、いきなりキリスト教の洗礼を受けるといい出した場合、親と子の分裂や対立があるかもしれません。

今日はこれくらいで一休みしたいのですが、その前にちょっと、ヨハネ第一三章—第一七章を読んでくださ い。これは最後の晩餐の描写です。ここで再度キリストの命について学んでください。

# 第二十四話　命の受け方（秘蹟）

次の図は命の受け方にかんする概略と今後の道筋を示しています。

（B）命の受け方
- （一）秘蹟
  - （a）一般的な秘蹟＝教会には七つの秘蹟があります。
  - （b）個別の秘蹟＝洗礼
- （二）祈り

秘蹟の意味は次のとおりです。

「蹟」＝目に見える行い
「秘」＝目に見えない結果

秘蹟とは、目に見える行いで目に見えない結果があることを意味します。教会はある程度まで、神の秘蹟です。目に見える教会に、目に見えないキリストがいるからです。

（一）七つの秘蹟について

次の表は七つの秘蹟について、自然の命と超自然の命を比較対照したものです

| | 一　個人 | 二　個人 | 三　個人 | 四　個人 | 五　個人 | 六　社会の中 | 七　社会の中 |
|---|---|---|---|---|---|---|---|
| **自然の命の段階** | 誕生 | 成長 | 維持（心や体） | 病気・薬 | 死 | かしら（長）を選ぶ | 結婚する |
| **超自然の命の段階** | 洗礼 | 堅信 | 聖体 | 罪の赦し | 塗油 | 叙階 | 結婚 |

超自然の命を受けることで、自然の命を破壊するのではありません。むしろ自然の命を完成するため超自然の命を受けるのです。ですから、自然の命を受ける段階と超自然の命を受ける段階は同じです。教会の七つの秘蹟は、自然の命の段階に合わせています。

(二) 洗礼の秘蹟について

(A) その必要性　マルコ第一六章一四―二〇節を読んでください。

一四　その後、十一人が食事をしているとき、イエスが現れ、その不信仰とかたくなな心をおとがめになった。復活されたイエスを見た人々の言うことを、信じなかったからである。
一五　それから、イエスは言われた。「全世界に行って、すべての造られたものに福音を宣べ伝えなさい。
一六　信じて洗礼を受ける者は救われるが、信じない者は滅びの宣告を受ける。
一七　信じる者には次のようなしるしが伴う。彼らはわたしの名によって悪霊を追い出し、新しい言葉を語る。
一八　手で蛇をつかみ、また、毒を飲んでも決して害を受けず、病人に手を置けば治る。」

◆天に上げられる
一九　主イエスは、弟子たちに話した後、天に上げられ、神の右の座に着かれた。
二〇　一方、弟子たちは出かけて行って、至るところで宣教した。主は彼らと共に働き、彼らの語る言葉が真実であることを、それに伴うしるしによってはっきりとお示しになった。」
一六節で「信じて洗礼を受ける者は救われる」と語られています。ヨハネ第三章一―一五節ではどうでしょうか。

一　さて、ファリサイ派に属する、ニコデモという人がいた。ユダヤ人たちの議員であった。
二　ある夜、イエスのもとに来て言った。「ラビ、わたしどもは、あなたが神のもとから来られた教師であることを知っています。神が共におられるのでなければ、あなたのなさるようなしるしを、だれも行うことはできないからです。」
三　イエスは答えて言われた。「はっきり言っておく。人は、新たに生まれなければ、神の国を見ることはできない。」
四　ニコデモは言った。「年をとった者が、どうして生まれることができましょう。もう一度母親の胎内に入って生まれることができるでしょうか。」
五　イエスはお答えになった。「はっきり言っておく。だれでも水と霊とによって生まれなければ、神の国に入ることはできない。
六　肉から生まれたものは肉である。霊から生まれたものは霊である。
七　『あなたがたは新たに生まれねばならない』とあなたに言ったことに、驚いてはならない。
八　風は思いのままに吹く。あなたはその音を聞いても、それがどこから来て、どこへ行くかを知らない。霊から生まれた者も皆そのとおりである。」
九　するとニコデモは、「どうして、そんなことがありえましょうか」と言った。

一〇　イエスは答えて言われた。「あなたはイスラエルの教師でありながら、こんなことが分からないのか。
一一　はっきり言っておく。わたしたちは知っていることを語り、見たことを証ししているのに、あなたがたはわたしたちの証しを受け入れない。
一二　わたしが地上のことを話しても信じないとすれば、天上のことを話したところで、どうして信じるだろう。
一三　天から降って来た者、すなわち人の子のほかには、天に上った者はだれもいない。
一四　そして、モーセが荒れ野で蛇を上げたように、人の子も上げられねばならない。
一五　それは、信じる者が皆、人の子によって永遠の命を得るためである。

三節及び七節では「新たに生まれる」ということが強調されています。一四節では「人の子も上げられねばならない」といいます。それは一五節「信じる者が皆、人の子によって永遠の命を得るためである」と、その理由を明かします。「新たに生まれる」とは、「上から生まれる」という意味です。

「上から生まれる」の意味を理解するには、一四節と一五節の意味をよく考えねばなりません。これは「モーセが荒れ野で蛇を上げたように、人の子も十字架によって上げられなければならない」という意味なのです。

「人の子も上げられる」とは「十字架」を意味しています。もちろん、「新たに生まれる」のですが、どうやって生まれるのでしょう。具体的には水と霊によって、「十字架」から生まれます。

ヨハネ第四章はすべて水について書かれています。その中の一四節「しかし、わたしが与える水を飲む者は決して渇かない。わたしが与える水はその人の内で泉となり、永遠の命に至る水がわき出る」において、キリストが与える水とは、洗礼の水のことです。

「十字架に上げられる」とは、「神のところに上げられる」という意味です。洗礼の水は、上（十字架）からの力を受けます。そしてわたしたちは新しい命を受けます。そのため、キリストは自分の命を失います。

（B）受け方　マタイ第二八章一六―二〇節を読んでください。

一六　さて、十一人の弟子たちはガリラヤに行き、イエスが指示しておかれた山に登った。
一七　そして、イエスに会い、ひれ伏した。しかし、疑う者もいた。
一八　イエスは、近寄って来て言われた。「わたしは天と地の一切の権能を授かっている。
一九　だから、あなたがたは行って、すべての民をわたしの弟子にしなさい。彼らに父と子と聖霊の名によって洗礼を授け、
二〇　あなたがたに命じておいたことをすべて守るように教えなさい。わたしは世の終わりまで、いつもあなたがたと共にいる。」

一九節で、キリストは弟子たちに洗礼を授けるよう命じます。現代では、司祭は見える行いとして十字架のしるしを行います。見えない結果として、三位一体の命を得ます。

（C）重要性　マタイ第三章一三―一七節を読んでください。

一三　そのとき、イエスが、ガリラヤからヨルダン川のヨハネのところへ来られた。彼から洗礼を受けるためである。
一四　ところが、ヨハネは、それを思いとどまらせようとして言った。「わたしこそ、あなたから洗礼を受けるべきなのに、あなたが、わたしのところへ来られたのですか。」
一五　しかし、イエスはお答えになった。「今は、止めないでほしい。正しいことをすべて行うのは、我々にふさわしいことです。」
そこで、ヨハネはイエスの言われるとおりにした。
一六　イエスは洗礼を受けると、すぐ水の中から上がられた。そのとき、天がイエスに向かって開いた。

イエスは、神の霊が鳩のように御自分の上に降って来るのを御覧になった。
一七　そのとき、「これはわたしの愛する子、わたしの心に適う者」と言う声が、天から聞こえた。

ここではキリスト自身が洗礼を受けたことが記されています。

使徒言行録第一章一―八節

一―二テオフィロさま、わたしは先に第一巻を著して、イエスが行い、また教え始めてから、お選びになった使徒たちに聖霊を通して指図を与え、天に上げられた日までのすべてのことについて書き記しました。

◆約束の聖霊

三　イエスは苦難を受けた後、御自分が生きていることを、数多くの証拠をもって使徒たちに示し、四十日にわたって彼らに現れ、神の国について話された。
四　そして、彼らと食事を共にしていたとき、こう命じられた。「エルサレムを離れず、前にわたしから聞いた、父の約束されたものを待ちなさい。
五　ヨハネは水で洗礼を授けたが、あなたがたは間もなく聖霊による洗礼を授けられるからである。」

◆イエス、天に上げられる

六　さて、使徒たちは集まって、「主よ、イスラエルのために国を建て直してくださるのは、この時ですか」と尋ねた。
七　イエスは言われた。「父が御自分の権威をもってお定めになった時や時期は、あなたがたの知るところではない。
八　あなたがたの上に聖霊が降ると、あなたがたは力を受ける。そして、エルサレムばかりでなく、ユダヤとサマリアの全土で、また、地の果てに至るまで、わたしの証人となる。」

ここでは「使徒たちも洗礼を受ける」とあります。

使徒言行録第二章三七―四一節

三七　人々はこれを聞いて大いに心を打たれ、ペトロとほかの使徒たちに、「兄弟たち、わたしたちはどうしたらよいのですか」と言った。

三八　すると、ペトロは彼らに言った。「悔い改めなさい。めいめい、イエス・キリストの名によって洗礼を受け、罪を赦していただきなさい。そうすれば、賜物として聖霊を受けます。

三九　この約束は、あなたがたにも、あなたがたの子供にも、遠くにいるすべての人にも、つまり、わたしたちの神である主が招いてくださる者ならだれにでも、与えられているものなのです。」

四〇　ペトロは、このほかにもいろいろ話をして、力強く証しをし、「邪悪なこの時代から救われなさい」と勧めていた。

四一　ペトロの言葉を受け入れた人々は洗礼を受け、その日に三千人ほどが仲間に加わった。

使徒たちは洗礼を受けた後、人びとに洗礼を授けました。ここでは約三千人に授けたと書かれています。

使徒言行録第九章一―一九節

◆サウロの回心

一　さて、サウロはなおも主の弟子たちを脅迫し、殺そうと意気込んで、大祭司のところへ行き、

二　ダマスコの諸会堂あての手紙を求めた。それは、この道に従う者を見つけ出したら、男女を問わず縛り上げ、エルサレムに連行するためであった。

三　ところが、サウロが旅をしてダマスコに近づいたとき、突然、天からの光が彼の周りを照らした。

四　サウロは地に倒れ、「サウル、サウル、なぜ、わたしを迫害するのか」と呼びかける声を聞いた。
五　「主よ、あなたはどなたですか」と言うと、答えがあった。「わたしは、あなたが迫害しているイ
エスである。
六　起きて町に入れ。そうすれば、あなたのなすべきことが知らされる。」
七　同行していた人たちは、声は聞こえても、だれの姿も見えないので、ものも言えず立っていた。
八　サウロは地面から起き上がって、目を開けたが、何も見えなかった。人々は彼の手を引いてダマス
コに連れて行った。
九　サウロは三日間、目が見えず、食べも飲みもしなかった。
一〇　ところで、ダマスコにアナニアという弟子がいた。幻の中で主が、「アナニア」と呼びかけると、
アナニアは、「主よ、ここにおります」と言った。
一一　すると、主は言われた。「立って、『直線通り』と呼ばれる通りへ行き、ユダの家にいるサウロと
いう名の、タルソス出身の者を訪ねよ。今、彼は祈っている。
一二　アナニアという人が入って来て自分の上に手を置き、元どおり目が見えるようにしてくれるのを、
幻で見たのだ。」
一三　しかし、アナニアは答えた。「主よ、わたしは、その人がエルサレムで、あなたの聖なる者たちに
対してどんな悪事を働いたか、大勢の人から聞きました。
一四　ここでも、御名を呼び求める人をすべて捕らえるため、祭司長たちから権限を受けています。」
一五　すると、主は言われた。「行け。あの者は、異邦人や王たち、またイスラエルの子らにわたしの名
を伝えるために、わたしが選んだ器である。
一六　わたしの名のためにどんなに苦しまなくてはならないかを、わたしは彼に示そう。」
一七　そこで、アナニアは出かけて行ってユダの家に入り、サウロの上に手を置いて言った。「兄弟サウ

ル、あなたがここへ来る途中に現れてくださった主イエスは、あなたが元どおり目が見えるようになり、また、聖霊で満たされるようにと、わたしをお遣わしになったのです。」

一八　すると、たちまち目からうろこのようなものが落ち、サウロは元どおり見えるようになった。そこで、身を起こして洗礼を受け、

一九　食事をして元気を取り戻した。

サウロ（後のパウロ）も洗礼を受けています。ところで、『使徒言行録』にしばしば書かれている「聖霊の賜物」という意味は（例えば先ほど引用した第二章三八節「めいめい、イエス・キリストの名によって洗礼を受け、罪を赦していただきなさい。そうすれば、賜物として聖霊を受けます」）、聖霊によって何か賜物があるという意味ではなく、「聖霊そのもの」、「聖霊という賜物」の意味です。

付録

マルコは洗礼について、例えば第一六章一六節のように「信じて洗礼を受ける者は救われるが、信じない者は滅びの宣告を受ける」と、簡単に書いたことについて、リシャール神父の個人的解釈を紹介します。

マルコは最初、パウロとバルナバと三人で宣教活動を行っていました。しかし途中でマルコは彼らから離れます。それはパウロによるキリスト教にかんする説明が難しすぎたので、彼と意見が合わなくなったためだと思われます。そこで、マルコはパウロから離れて、簡単にキリスト教を紹介することにしたのでしょう。それが『マルコによる福音書』です。

それでは今日はこれで一休みしましょう。次回は罪の赦しについて研究します。

## 第二十五話　罪の赦し（罪の赦しの秘蹟）

超自然的な命の中に病気（＝罪）があります。洗礼を受けた後の新しい命の中に病気として罪があります。それは人間がまだまだ不完全だからです。その罪から解放されるためには、どうすればよいのでしょうか。「告白」の結果「罪の赦し」があります。昔は告白、告解と呼んでいましたが、今は「罪の赦し」という言葉を使っています。「私は罪を犯していないから告解はしなくてもよい」という人に対して、どのように答えたらよいでしょうか。一般の人は、「罪とは警察に捕まるようなものを罪だ」と思ってはいないでしょうか。

罪には大きな罪と小さな罪があります。小さな罪は告解しなくても、ミサに出て聖体を受けることができます。ミサにおける最初の準備の部で私たちは「赦してください」と神に語りかけます。次に言葉の典礼で、神と言葉の交わりがあります。ここで小さな罪は赦されます。

（一）罪の赦しの概略

①キリストには罪を赦す権能があります。これを聞いたユダヤ人たちはきっと驚いたでしょう。

②キリストは使徒たちにその権能を譲ります。

（二）詳細に

①キリストは本当に罪を赦す権能がありましたか。

もしキリストに罪を赦す権能がなかったなら、彼はその後継者（司祭）に罪を赦す権能を譲ることはできませんでした。ただ、実際に赦すのは司祭ではなく神なのですが。

マルコ第二章一―一七節を読んでください

◆中風の人をいやす

一　数日後、イエスが再びカファルナウムに来られると、家におられることが知れ渡り、
二　大勢の人が集まったので、戸口の辺りまですきまもないほどになった。イエスが御言葉を語っておられると、
三　四人の男が中風の人を運んで来た。
四　しかし、群衆に阻まれて、イエスのもとに連れて行くことができなかったので、イエスがおられる辺りの屋根をはがして穴をあけ、病人の寝ている床をつり降ろした。
五　イエスはその人たちの信仰を見て、中風の人に、「子よ、あなたの罪は赦される」と言われた。
六　ところが、そこに律法学者が数人座っていて、心の中であれこれと考えた。
七　「この人は、なぜこういうことを口にするのか。神を冒涜している。神おひとりのほかに、いったいだれが、罪を赦すことができるだろうか。」
八　イエスは、彼らが心の中で考えていることを、御自分の霊の力ですぐに知って言われた。「なぜ、そんな考えを心に抱くのか。
九　中風の人に『あなたの罪は赦される』と言うのと、『起きて、床を担いで歩け』と言うのと、どちらが易しいか。
一〇　人の子が地上で罪を赦す権威を持っていることを知らせよう。」そして、中風の人に言われた。
一一　「わたしはあなたに言う。起き上がり、床を担いで家に帰りなさい。」
一二　その人は起き上がり、すぐに床を担いで、皆の見ている前を出て行った。人々は皆驚き、「このようなことは、今まで見たことがない」と言って、神を賛美した。

◆レビを弟子にする

一三　イエスは、再び湖のほとりに出て行かれた。群衆が皆そばに集まって来たので、イエスは教えられた。

一四　そして通りがかりに、アルファイの子レビが収税所に座っているのを見かけて、「わたしに従いな
さい」と言われた。彼は立ち上がってイエスに従った。
一五　イエスがレビの家で食事の席に着いておられたときのことである。多くの徴税人や罪人もイエスや
弟子たちと同席していた。実に大勢の人がいて、イエスに従っていたのである。
一六　ファリサイ派の律法学者は、イエスが罪人や徴税人と一緒に食事をされるのを見て、弟子たちに、
「どうして彼は徴税人や罪人と一緒に食事をするのか」と言った。
一七　イエスはこれを聞いて言われた。「医者を必要とするのは、丈夫な人ではなく病人である。わたし
が来たのは、正しい人を招くためではなく、罪人を招くためである。」

一〇節で、キリストは自分に罪を赦す権威があると宣言します。そして彼は体よりも先に霊魂を治しています。中風の人に対して最初に罪を赦します。なぜ最初に体ではなく霊魂を治したのでしょうか。それを理解するには、わたしたちの今の生活をよく見る必要があります。

人間の生活の中には苦しみがあります。それはこの世に罪があるからです。もしこの世に罪がなかったならば、病気もなかったでしょう。アダムと共に病気もこの世に入ってきました。そこで、キリストは根本的な原因である罪をまず取り除き、その後で体を治したのです。

しかし、ここで最も大切な箇所は五節の「イエスはその人たちの信仰を見て」という所です。お分かりでしょうか。罪を赦される第一の条件は、その人の「信仰」なのです。

次にルカ第七章三〇—五〇節を読んでください。

三〇　しかし、ファリサイ派の人々や律法の専門家たちは、彼から洗礼を受けないで、自分に対する神の
御心を拒んだ。
三一　「では、今の時代の人たちは何にたとえたらよいか。彼らは何に似ているか。

三二　広場に座って、互いに呼びかけ、こう言っている子供たちに似ている。『笛を吹いたのに、／踊ってくれなかった。葬式の歌をうたったのに、／泣いてくれなかった。』

三三　洗礼者ヨハネが来て、パンも食べずぶどう酒も飲まずにいると、あなたがたは、『あれは悪霊に取りつかれている』と言い、

三四　人の子が来て、飲み食いすると、『見ろ、大食漢で大酒飲みだ。徴税人や罪人の仲間だ』と言う。

三五　しかし、知恵の正しさは、それに従うすべての人によって証明される。」

◆罪深い女を赦す

三六　さて、あるファリサイ派の人が、一緒に食事をしてほしいと願ったので、イエスはその家に入って食事の席に着かれた。

三七　この町に一人の罪深い女がいた。イエスがファリサイ派の人の家に入って食事の席に着いておられるのを知り、香油の入った石膏の壺を持って来て、

三八　後ろからイエスの足もとに近寄り、泣きながらその足を涙でぬらし始め、自分の髪の毛でぬぐい、イエスの足に接吻して香油を塗った。

三九　イエスを招待したファリサイ派の人はこれを見て、「この人がもし預言者なら、自分に触れている女がだれで、どんな人か分かるはずだ。罪深い女なのに」と思った。

四〇　そこで、イエスがその人に向かって、「シモン、あなたに言いたいことがある」と言われると、シモンは、「先生、おっしゃってください」と言った。

四一　イエスはお話しになった。「ある金貸しから、二人の人が金を借りていた。一人は五百デナリオン、もう一人は五十デナリオンである。

四二　二人には返す金がなかったので、金貸しは両方の借金を帳消しにしてやった。二人のうち、どちらが多くその金貸しを愛するだろうか。」

四三　シモンは、「帳消しにしてもらった額の多い方だと思います」と答えた。イエスは、「そのとおりだ」と言われた。
四四　そして、女の方を振り向いて、シモンに言われた。「この人を見ないか。わたしがあなたの家に入ったとき、あなたは足を洗う水もくれなかったが、この人は涙でわたしの足をぬらし、髪の毛でぬぐってくれた。
四五　あなたはわたしに接吻の挨拶もしなかったが、この人はわたしが入って来てから、わたしの足に接吻してやまなかった。
四六　あなたは頭にオリーブ油を塗ってくれなかったが、この人は足に香油を塗ってくれた。
四七　だから、言っておく。この人が多くの罪を赦されたことは、わたしに示した愛の大きさで分かる。赦されることの少ない者は、愛することも少ない。」
四八　そして、イエスは女に、「あなたの罪は赦された」と言われた。
四九　同席の人たちは、「罪まで赦すこの人は、いったい何者だろう」と考え始めた。
五〇　イエスは女に、「あなたの信仰があなたを救った。安心して行きなさい」と言われた。

キリストは罪を赦す権能を持っていました。そして彼はその権能を使います。四八節です。「あなたの罪は赦された。」

ここで大切な箇所は四七節です。「この人が多くの罪を赦されたことは、わたしに示した愛の大きさで分かる」。即ち、罪を赦される第二の条件は「愛」です。

ヨハネ第八章一―一一節を読んでください。

一　イエスはオリーブ山へ行かれた。
二　朝早く、再び神殿の境内に入られると、民衆が皆、御自分のところにやって来たので、座って教え

三　始められた。
四　そこへ、律法学者たちやファリサイ派の人々が、姦通の現場で捕らえられた女を連れて来て、真ん中に立たせ、
五　イエスに言った。「先生、この女は姦通をしているときに捕まりました。
六　こういう女は石で打ち殺せと、モーセは律法の中で命じています。ところで、あなたはどうお考えになりますか。」
七　イエスを試して、訴える口実を得るために、こう言ったのである。イエスはかがみ込み、指で地面に何か書き始められた。
八　しかし、彼らがしつこく問い続けるので、イエスは身を起こして言われた。「あなたたちの中で罪を犯したことのない者が、まず、この女に石を投げなさい。」
九　そしてまた、身をかがめて地面に書き続けられた。
一〇　これを聞いた者は、年長者から始まって、一人また一人と、立ち去ってしまい、イエスひとりと、真ん中にいた女が残った。
一一　イエスは、身を起こして言われた。「婦人よ、あの人たちはどこにいるのか。だれもあなたを罪に定めなかったのか。」
女が、「主よ、だれも」と言うと、イエスは言われた。「わたしもあなたを罪に定めない。行きなさい。これからは、もう罪を犯してはならない。」

ここで大切な箇所はどこでしょうか。そうです、一一節です。「これからは、もう罪を犯してはならない」。罪を赦される第三の条件は、「未来に対してもう二度と罪を犯さない」という「決心」です。まとめてみます。罪を赦されるためには三つの条件があるとキリストは諭します。

①信仰が必要です。（信じて）
②愛が必要です。（愛して）
③未来にも、もう二度と罪を犯さないという決心が必要です。（決心）

これら①、②、③が、赦されるために必要な条件です。けれども人間はいくら決心しても再び罪を犯すことがあります。その時は何回赦されるのでしょうか。

マタイ第一八章二一―二二節に面白いことが書かれています。

二一　そのとき、ペトロがイエスのところに来て言った。「主よ、兄弟がわたしに対して罪を犯したなら、何回赦すべきでしょうか。七回までですか。」

二二　イエスは言われた。「あなたに言っておく。七回どころか七の七十倍までも赦しなさい。

ここで安心するのは禁物です。「どうせ赦されるのだから何度でも罪を犯してよいのだ」というふうにとらえないでください。キリストは人間の弱さをよく知っています。たとえ①、②、③の条件を満たして罪を赦されたとしても、人間はまた罪を犯すかもしれません。しかしマタイ第一八章二一―二二節は「無限の愛そのものである神は、それでもなお無限に人間を赦します」という表明ではないでしょうか。私が親になって分かったことが一つだけあります。親は子供の罪を絶対に、しかも無限に赦すということです。

話は少し横道にそれるかもしれませんが、私はある時代劇のテレビドラマを見ていました。その中で、お奉行が罪びとをこっそりと逃がします。そのとき十手持ちの侍が同僚に対し、次のようにいっていたのが心に残りました。

「罪を赦すんなら、そこに限りを設けちゃあなんねえよなあ」

彼も聖書のこの箇所を読んだのでは、いや、そういうことはありませんよね。

(三) キリストは使徒たちにその権能を譲ります。

①最初はペトロに罪を赦す権能を与えます。マタイ第一六章一三―二〇節を読んでください。

◆ペトロ、信仰を言い表す

一三　イエスは、フィリポ・カイサリア地方に行ったとき、弟子たちに、「人々は、人の子のことを何者だと言っているか」とお尋ねになった。

一四　弟子たちは言った。「『洗礼者ヨハネだ』と言う人も、『エリヤだ』と言う人もいます。ほかに、『エレミヤだ』とか、『預言者の一人だ』と言う人もいます。」

一五　イエスが言われた。「それでは、あなたがたはわたしを何者だと言うのか。」

一六　シモン・ペトロが、「あなたはメシア、生ける神の子です」と答えた。

一七　すると、イエスはお答えになった。「シモン・バルヨナ、あなたは幸いだ。あなたにこのことを現したのは、人間ではなく、わたしの天の父なのだ。

一八　わたしも言っておく。あなたはペトロ。わたしはこの岩の上にわたしの教会を建てる。陰府の力もこれに対抗できない。

一九　わたしはあなたに天の国の鍵を授ける。あなたが地上でつなぐことは、天上でもつながれる。あなたが地上で解くことは、天上でも解かれる。」

二〇　それから、イエスは、御自分がメシアであることをだれにも話さないように、と弟子たちに命じられた。

一九節に注目してください。「わたしはあなたに天の国の鍵を授ける。あなたが地上でつなぐことは、天上でもつながれる。あなたが地上で解くことは、天上でも解かれる」

ここで、キリストはペトロに罪を赦す権能を授けます。

②次に弟子たちに罪を赦す権能を与えます。ヨハネ第二〇章一九―二三節を読んでください。

◆イエス、弟子たちに現れる

一九　その日、すなわち週の初めの日の夕方、弟子たちはユダヤ人を恐れて、自分たちのいる家の戸に鍵をかけていた。そこへ、イエスが来て真ん中に立ち、「あなたがたに平和があるように」と言われた。

二〇　そう言って、手とわき腹とをお見せになった。弟子たちは、主を見て喜んだ。

二一　イエスは重ねて言われた。「あなたがたに平和があるように。父がわたしをお遣わしになったように、わたしもあなたがたを遣わす。」

二二　そう言ってから、彼らに息を吹きかけて言われた。「聖霊を受けなさい。

二三　だれの罪でも、あなたがたが赦せば、その罪は赦される。だれの罪でも、あなたがたが赦さなければ、赦されないまま残る。」

マタイ第一六章一九節では、ペトロに向かってキリストは「あなた」と呼んでいました。ヨハネ第二〇章二三節では「あなたがた」と複数になっています。キリストはまずペトロに、そして次に弟子たちに罪を赦す権能を与えたのです。この時、同時に聖霊を弟子たちに与えます。二二節です。「聖霊を受けなさい」。キリストは聖霊を弟子たちに与えることで、聖霊の力で罪を赦すことができるようにしました。これに従って、現代でも司祭たちは信者に対して罪を赦す権能を持っています。繰り返しになりますが、実際に罪を赦すのは神であり、司祭はその代弁者です。プロテスタントにこの罪の赦しの秘蹟がないのは真に残念なことです。

（四）罪とは

罪を犯す前に、これは①重大な罪だ、②と思う、そしてそれを行いながら、③完全に、④意識して、⑤完全に、⑥承諾して、行った場合、大罪となります。

（五）罪の大きさの具体的説明

例一

これは以前お話しました。もう一度やりましょう。百円盗むこと、一万円盗むこと、いったいいつから罪が始まるでしょうか。百円から、千円から、それとも一万円からでしょうか。Aさんは一万円で大きな罪だと思います。Bさんは千円で大きな罪だと思います。

このように先に述べた「②と思う」ことは人によって異なります。ある人は一万円が大罪だ「②と思う」でしょう。ある人は一万円は大罪ではない「②と思う」でしょう。これらはどちらも罪を犯す前に「思う」ことです。その後で「行い」があります。

例二

本を人に貸しました。その本の間に「しおり」として一万円挟んでいました。でも貸した人はそのことを忘れていました。小さな子供がその本を開いてお金を見つけ、それを親のところに持っていきました。本を借りた親はそのことを知らなかったので、この場合罪にはなりません。子供にも罪はありません。つまり「④意識」がないので、罪にはなりません。後はそれを返すかどうかです。

例三

子供の自転車を買うために、夢の中で五万円リシャール神父から盗みました、あるいは盗みたいと思いました。思うだけでは罪になりません。「③完全に、④意識して」いないからです。

例四

少しずつ難しくなってきます。今度は脅されて「③完全に、④意識して」盗んだ場合です。しかし「⑥承諾は」していません。脅されたのですから。ですからこの場合も罪はありません。但し、社会的な罪は償わなければなりません。盗んだのですから。

例五

夜の街に美人の写真が貼ってありました。それを見て変な考え、変な想いが浮かびました。その時大罪になるでしょうか。その想いを抑えよう、消そうと思ってもやはり無理な場合、これは罪になるでしょうか。「⑤完全に」「⑥承諾」していないのですから、罪にはなりません。

リシャール神父「無理ヤリ口ノ中ニ砂糖ヲ入レラレタラ甘ク感ジマス。デモ誘惑ニ抵抗スルコトハ、ワタシタチノプラスニナルデショウ」

さて、今日はこれでそろそろ終わりにします。罪を犯さないように毎日心がけることは大切ですが、リシャール神父は「罪を犯さないよう、びくびくして慎重に生きることより、積極的に生きることのほうが大切です。その中で、もし罪を犯したと思ったら、反省して罪を赦してもらって、また元気に生きなおしてください」といっておられました。

一休みする前にもう一つ、リシャール神父から出された問題をここに紹介します。これはとても難しい問題です。

「お酒を一滴も飲んだことのない人が、初めて友人に誘われてお酒を口にしました。とてもおいしかったので、何杯もお代わりをしました。いつの間にか酔っぱらってしまいました。これは罪になるのでしょうか」

「お酒のことを知らなかったし①重大な罪だ、と②思って、③完全に、④意識して、⑤完全に、⑥承諾して、行ったわけではありませんから、罪にはならないでしょう」

「そうですね。それでは二度目はどうでしょうか。酔っぱらうということは、神様からいただいた、人間だけに備わった理性を失うこと、その理性を自分からいらないということなのですよ」

「それでは二度目からは、酔っぱらうことは罪になるのでしょう」

「そうですね。でも、結婚式とか、おめでたいときとか、みんなで楽しんでいるとき、お酒を勧められた場合、どうでしょうか」

「私は飲めません、と断るべきでしょう」

「いや、それはだめです。みんなが楽しんでいるとき、自分だけ知らん顔するのは隣人愛の観点から赦されません。さあ、あなたならどうしますか」

「・・・・・・」

「今ノウチ、タクサン飲ンデ強クナロウ！今カラ飲ミニ行キマセンカ、ドウカ」

それでは、楽しい夜をお過ごしください。次回は結婚の秘蹟についてです。

# 第二十六話　結婚の秘蹟

（一）結婚の目的

結婚の条件は、二人がお互いに深く愛し合っているという事です。そしてその目的とは何でしょうか。

（A）結婚の第一の目的　創世記第一章二六―三一節を読んでください。

二六　神は言われた。「我々にかたどり、我々に似せて、人を造ろう。そして海の魚、空の鳥、家畜、地の獣、地を這うものすべてを支配させよう。」

二七　神は御自分にかたどって人を創造された。神にかたどって創造された。男と女に創造された。

二八　神は彼らを祝福して言われた。「産めよ、増えよ、地に満ちて地を従わせよ。海の魚、空の鳥、地の上を這う生き物をすべて支配せよ。」

二九　神は言われた。「見よ、全地に生える、種を持つ草と種を持つ実をつける木を、すべてあなたたちに与えよう。それがあなたたちの食べ物となる。

三〇　地の獣、空の鳥、地を這うものなど、すべて命あるものにはあらゆる青草を食べさせよう。」そのようになった。

三一　神はお造りになったすべてのものを御覧になった。見よ、それは極めて良かった。夕べがあり、朝があった。第六の日である。

ここで注目すべきは二八節「産めよ、増えよ」です。結婚の第一の目的はこれです。二人が結婚してもこの第一の目的を絶対果たしたくなかったならば、前もって弁護士と相談し、宣誓書を作ります。カトリック教会では離婚は禁止されていますが、この宣誓書があれば、たとえ教会で結婚したとしても、その結婚はもともと成立していなかったことになります。結婚が成立していなかった以上、離婚も当然ありません。だから別れることは可能です。ただ、ここで離婚を薦めているわけではありませんから注意してください。

(B) 結婚の第二の目的　第二章一八―二五節を読んでください。

一八　娘たちが父レウエルのところに帰ると、父は、「どうして今日はこんなに早く帰れたのか」と尋ねた。
一九　彼女たちは言った。「一人のエジプト人が羊飼いの男たちからわたしたちを助け出し、わたしたちのために水をくんで、羊に飲ませてくださいました。」
二〇　父は娘たちに言った。「どこにおられるのだ、その方は。どうして、お前たちはその方をほうっておくのだ。呼びに行って、食事を差し上げなさい。」
二一　モーセがこの人のもとにとどまる決意をしたので、彼は自分の娘ツィポラをモーセと結婚させた。
二二　彼女は男の子を産み、モーセは彼をゲルショムと名付けた。彼が、「わたしは異国にいる寄留者（ゲール）だ」と言ったからである。
二三　それから長い年月がたち、エジプト王は死んだ。その間イスラエルの人々は労働のゆえにうめき、叫んだ。労働のゆえに助けを求める彼らの叫び声は神に届いた。
二四　神はその嘆きを聞き、アブラハム、イサク、ヤコブとの契約を思い起こされた。
二五　神はイスラエルの人々を顧み、御心に留められた。

第二の目的は、ここに記されているようにお互いに「助け合う」ことです。

(C) 第三の目的　マタイ第一九章一―一二節を読んでください。

一　イエスはこれらの言葉を語り終えると、ガリラヤを去り、ヨルダン川の向こう側のユダヤ地方に行かれた。
二　大勢の群衆が従った。イエスはそこで人々の病気をいやされた。
三　ファリサイ派の人々が近寄り、イエスを試そうとして、「何か理由があれば、夫が妻を離縁することは、律法に適っているでしょうか」と言った。
四　イエスはお答えになった。「あなたたちは読んだことがないのか。創造主は初めから人を男と女とにお造りになった。」
五　そして、こうも言われた。「それゆえ、人は父母を離れてその妻と結ばれ、二人は一体となる。
六　だから、二人はもはや別々ではなく、一体である。従って、神が結び合わせてくださったものを、人は離してはならない。」
七　すると、彼らはイエスに言った。「では、なぜモーセは、離縁状を渡して離縁するように命じたのですか。」
八　イエスは言われた。「あなたたちの心が頑固なので、モーセは妻を離縁することを許したのであって、初めからそうだったわけではない。
九　言っておくが、不法な結婚でもないのに妻を離縁して、他の女を妻にする者は、姦通の罪を犯すことになる。」
一〇　弟子たちは、「夫婦の間柄がそんなものなら、妻を迎えない方がましです」と言った。
一一　イエスは言われた。「だれもがこの言葉を受け入れるのではなく、恵まれた者だけである。
一二　結婚できないように生まれついた者、人から結婚できないようにされた者もいるが、天の国のために結婚しない者もいる。これを受け入れることのできる人は受け入れなさい。」

第三の目的は、五節「人は父母を離れて」とあります。つまり、両親からの独立です。両親は結婚してはいけないとか、結婚しろとかの命令をすることはできません。勧めることはできるでしょうが。その勧めとは、現代風にいえば次の五つが考えられます。

①宗教の問題　できるなら、同じ宗教がいいでしょう。
②経済の問題　できるなら、安定した収入が必要でしょう。
③社会的身分の問題　できるなら、同じような身分がいいでしょう。
④性格の問題　相手の性格をよく見る必要があります。暴力をすぐふるう人かどうか、その他、相手の欠点を見つけることも大切です。結婚後その欠点を我慢できるかどうか考えてください。男の一番悪い欠点は嫉妬です（リシャール神父の言葉）。

⑤性の問題　①、②、③、④が我慢できても、これがだめなら絶対結婚しないほうがよいでしょう。

もう一つこの引用箇所で重要な箇所があります。五節、六節の「一体」という言葉です。「一体」とは「平等」という意味と「離婚してはならない」という意味が両方含まれています。「平等」とは天の父に対して「平等」という意味です。

問題は九節の「不法な結婚」についてです。カトリックは離婚を禁じていますが、プロテスタントはこれを理由に離婚を認めているようです。誰しも初めから離婚することを念頭に結婚する人はいないと思います。けれども、結婚後に夫婦間での生活がまるで地獄のような悲惨なものとなった場合、それでもカトリックは離婚を禁じるのでしょうか。

フランスで私が聞いた話ですが、カトリック教徒が大半のフランスでは、このような悲劇を回避するため、教会での結婚をしないで市役所で結婚届を出す人も多いそうです。これだと神に誓って結婚していないので、離婚ということも、そもそもありえないからです。また、長く同棲生活をして、それでも大丈夫と確信した後、教会で結婚式をするカップルもいるそうです。最終的には一二節「結婚できないようにされた者もいるが、天の国のために結婚しない者もいる。これを受け入れることのできる人は受け入れなさい」ということでしょうか。

（D）結婚の第四の目的　コリントの信徒への手紙（一）第七章一—四〇節を読んでください。

◆結婚について

一　そちらから書いてよこしたことについて言えば、男は女に触れない方がよい。

二　しかし、みだらな行いを避けるために、男はめいめい自分の妻を持ち、また、女はめいめい自分の夫を持ちなさい。

三　夫は妻に、その務めを果たし、同様に妻も夫にその務めを果たしなさい。

四　妻は自分の体を意のままにする権利を持たず、夫がそれを持っています。同じように、夫も自分の体を意のままにする権利を持たず、妻がそれを持っているのです。

五　互いに相手を拒んではいけません。ただ、納得しあったうえで、専ら祈りに時を過ごすためにしばらく別れ、また一緒になるというなら話は別です。あなたがたが自分を抑制する力がないのに乗じて、サタンが誘惑しないともかぎらないからです。

六　もっとも、わたしは、そうしても差し支えないと言うのであって、そうしなさい、と命じるつもりはありません。

七　わたしとしては、皆がわたしのように独りでいてほしい。しかし、人はそれぞれ神から賜物をいただいているのですから、人によって生き方が違います。

八　未婚者とやもめに言いますが、皆わたしのように独りでいるのがよいでしょう。
九　しかし、自分を抑制できなければ結婚しなさい。情欲に身を焦がすよりは、結婚した方がましだからです。
一〇　更に、既婚者に命じます。妻は夫と別れてはいけない。こう命じるのは、わたしではなく、主です。
一一　――既に別れてしまったのなら、再婚せずにいるか、夫のもとに帰りなさい。――また、夫は妻を離縁してはいけない。
一二　その他の人たちに対しては、主ではなくわたしが言うのですが、ある信者に信者でない妻がいて、その妻が一緒に生活を続けたいと思っている場合、彼女を離縁してはいけない。
一三　また、ある女に信者でない夫がいて、その夫が一緒に生活を続けたいと思っている場合、彼を離縁してはいけない。
一四　なぜなら、信者でない夫は、信者である妻のゆえに聖なる者とされ、信者でない妻は、信者である夫のゆえに聖なる者とされているからです。そうでなければ、あなたがたの子供たちは汚れていることになりますが、実際には聖なる者です。
一五　しかし、信者でない相手が離れていくなら、去るにまかせなさい。こうした場合に信者は、夫であろうと妻であろうと、結婚に縛られてはいません。平和な生活を送るようにと、神はあなたがたを召されたのです。
一六　妻よ、あなたは夫を救えるかどうか、どうして分かるのか。夫よ、あなたは妻を救えるかどうか、どうして分かるのか。

◆主が定めた生き方

一七　おのおの主から分け与えられた分に応じ、それぞれ神に召されたときの身分のままで歩みなさい。これは、すべての教会でわたしが命じていることです。

一八　割礼を受けている者が召されたのなら、割礼の跡を無くそうとしてはいけません。割礼を受けていない者が召されたのなら、割礼を受けようとしてはいけません。

一九　割礼の有無は問題ではなく、大切なのは神の掟を守ることです。

二〇　おのおの召されたときの身分にとどまっていなさい。

二一　召されたときに奴隷であった人も、そのことを気にしてはいけません。自由の身になることができるとしても、むしろそのままでいなさい。

二二　というのは、主によって召された奴隷は、主によって自由の身にされた者だからです。同様に、主によって召された自由な身分の者は、キリストの奴隷なのです。

二三　あなたがたは、身代金を払って買い取られたのです。人の奴隷となってはいけません。

二四　兄弟たち、おのおの召されたときの身分のまま、神の前にとどまっていなさい。

### ◆未婚の人たちとやもめ

二五　未婚の人たちについて、わたしは主の指示を受けてはいませんが、主の憐れみにより信任を得ている者として、意見を述べます。

二六　今危機が迫っている状態にあるので、こうするのがよいとわたしは考えます。つまり、人は現状にとどまっているのがよいのです。

二七　妻と結ばれているなら、そのつながりを解こうとせず、妻と結ばれていないなら妻を求めてはいけない。

二八　しかし、あなたが、結婚しても、罪を犯すわけではなく、未婚の女が結婚しても、罪を犯したわけではありません。ただ、結婚する人たちはその身に苦労を負うことになるでしょう。わたしは、あなたがたにそのような苦労をさせたくないのです。

二九　兄弟たち、わたしはこう言いたい。定められた時は迫っています。今からは、妻のある人はない人の

ように、
三〇　泣く人は泣かない人のように、喜ぶ人は喜ばない人のように、物を買う人は持たない人のように、
三一　世の事にかかわっている人は、かかわりのない人のようにすべきです。この世の有様は過ぎ去るからです。
三二　思い煩わないでほしい。独身の男は、どうすれば主に喜ばれるかと、主のことに心を遣いますが、
三三　結婚している男は、どうすれば妻に喜ばれるかと、世の事に心を遣い、
三四　心が二つに分かれてしまいます。独身の女や未婚の女は、体も霊も聖なる者になろうとして、主のことに心を遣いますが、結婚している女は、どうすれば夫に喜ばれるかと、世の事に心を遣います。
三五　このようにわたしが言うのは、あなたがたのためを思ってのことで、決してあなたがたを束縛するためではなく、品位のある生活をさせて、ひたすら主に仕えさせるためなのです。
三六　もし、ある人が自分の相手である娘に対して、情熱が強くなり、その誓いにふさわしくないふるまいをしかねないと感じ、それ以上自分を抑制できないと思うなら、思いどおりにしなさい。罪を犯すことにはなりません。二人は結婚しなさい。
三七　しかし、心にしっかりした信念を持ち、無理に思いを抑えつけたりせずに、相手の娘をそのままにしておこうと決心した人は、そうしたらよいでしょう。
三八　要するに、相手の娘と結婚する人はそれで差し支えありませんが、結婚しない人の方がもっとよいのです。
三九　妻は夫が生きている間は夫に結ばれていますが、夫が死ねば、望む人と再婚してもかまいません。ただし、相手は主に結ばれている者に限ります。
四〇　しかし、わたしの考えによれば、そのままでいる方がずっと幸福です。わたしも神の霊を受けていると思います。

パウロは二節において「みだらな行いを避けるために」結婚してもよいと語っています。しかし八節では「皆わたしのように独りでいるのがよいでしょう」と、結婚しないほうがよいとも語っています。パウロがいいたかったことは、「できれば結婚しないほうがよいが、結婚した人もパウロと同じように、神のことを考えてください（二九―三一節）」ということです。マタイは神のために父と母、兄弟を捨てました。ルカは父、母、妻も捨てました。パウロは結婚しませんでした。

夫と妻の関係については、エフェソの信徒への手紙第五章二一―三三節を読んでください。

◆妻と夫

二一　キリストに対する畏れをもって、互いに仕え合いなさい。
二二　妻たちよ、主に仕えるように、自分の夫に仕えなさい。
二三　キリストが教会の頭であり、自らその体の救い主であるように、夫は妻の頭だからです。
二四　また、教会がキリストに仕えるように、妻もすべての面で夫に仕えるべきです。
二五　夫たちよ、キリストが教会を愛し、教会のために御自分をお与えになったように、妻を愛しなさい。
二六　キリストがそうなさったのは、言葉を伴う水の洗いによって、教会を清めて聖なるものとし、
二七　しみやしわやそのたぐいのものは何一つない、聖なる、汚れのない、栄光に輝く教会を御自分の前に立たせるためでした。
二八　そのように夫も、自分の体のように妻を愛さなくてはなりません。妻を愛する人は、自分自身を愛しているのです。
二九　わが身を憎んだ者は一人もおらず、かえって、キリストが教会になさったように、わが身を養い、いたわるものです。
三〇　わたしたちは、キリストの体の一部なのです。

三一　「それゆえ、人は父と母を離れてその妻と結ばれ、二人は一体となる。」
三二　この神秘は偉大です。わたしは、キリストと教会について述べているのです。
三三　いずれにせよ、あなたがたも、それぞれ、妻を自分のように愛しなさい。妻は夫を敬いなさい。

このように、結婚生活においては、「互いに仕えること」が大切です。それではキリストは結婚についてどのように考えていたのでしょう。ヨハネ第二章一―一一節を読んでください。

◆カナでの婚礼

一　三日目に、ガリラヤのカナで婚礼があって、イエスの母がそこにいた。
二　イエスも、その弟子たちも婚礼に招かれた。
三　ぶどう酒が足りなくなったので、母がイエスに、「ぶどう酒がなくなりました」と言った。
四　イエスは母に言われた。「婦人よ、わたしとどんなかかわりがあるのです。わたしの時はまだ来ていません。」
五　しかし、母は召し使いたちに、「この人が何か言いつけたら、そのとおりにしてください」と言った。
六　そこには、ユダヤ人が清めに用いる石の水がめが六つ置いてあった。いずれも二ないし三メトレテス入りのものである。
七　イエスが、「水がめに水をいっぱい入れなさい」と言われると、召し使いたちは、かめの縁まで水を満たした。
八　イエスは、「さあ、それをくんで宴会の世話役のところへ持って行きなさい」と言われた。召し使いたちは運んで行った。
九　世話役はぶどう酒に変わった水の味見をした。このぶどう酒がどこから来たのか、水をくんだ召し使いたちは知っていたが、世話役は知らなかったので、花婿を呼んで、

一〇　言った。「だれでも初めに良いぶどう酒を出し、酔いがまわったころに劣ったものを出すものですが、あなたは良いぶどう酒を今まで取って置かれました。」
一一　イエスは、この最初のしるしをガリラヤのカナで行って、その栄光を現された。それで、弟子たちはイエスを信じた。

キリスト自身は水をぶどう酒に変えるという奇跡を行い、結婚を祝福しています。

(二)　パウロの特権

パウロの時代、多くの未信者がいました。コリントの信徒への手紙（一）第七章一―四〇を読んでください。特に一二―一五節です。

一二　その他の人たちに対しては、主ではなくわたしが言うのですが、ある信者に信者でない妻がいて、その妻が一緒に生活を続けたいと思っている場合、彼女を離縁してはいけない。
一三　また、ある女に信者でない夫がいて、その夫が一緒に生活を続けたいと思っている場合、彼を離縁してはいけない。
一四　なぜなら、信者でない夫は、信者である妻のゆえに聖なる者とされ、信者でない妻は、信者である夫のゆえに聖なる者とされているからです。そうでなければ、あなたがたの子供たちは汚れていることになりますが、実際には聖なる者です。
一五　しかし、信者でない相手が離れて行くなら、去るにまかせなさい。こうした場合に信者は、夫であろうと妻であろうと、結婚に縛られてはいけません。平和な生活を送るようにと、神はあなたがたを召されたのです。

結婚相手のどちらかが信者である場合、パウロは離婚を禁止しています。但し、一五節を読んでください。「しかし、信者でない相手が離れていくなら、去るにまかせなさい。こうした場合に信者は、夫であろうと妻であろうと、結婚に縛られてはいません。平和な生活を送るようにと、神はあなたがたを召されたのです」。

これは、相手の信仰を尊重するという立場から、未信者のほうから離婚を申し出た場合、離婚は成立するということです。繰り返しになりますが、ここでも決して離婚を薦めているわけではありませんので、注意してください。あくまでも、このような場合、最終的には離婚も可能です、といいたいのです。

もう少し分かりやすい例をお示しします。

A男性（未信者）とB女性（未信者）が結婚し、その後A男性は未信者のまま、B女性は洗礼を受けてカトリック信者になりました。そこでA男性は宗教上の問題から、B女性との結婚生活を続けたくないと思って、B女性と別れて新たにC女性と結婚しました。この場合、B女性は自由となり別のD男性と再婚することは可能です。ここまでは神父によって許可を与えることができます。これがいわゆる「パウロの特権」と呼ばれているものです。これ以上複雑な問題が生じた場合は、ローマまで行くことになります。バチカンからの許可が必要となるのです。

（三）まとめ

エフェソの信徒への手紙第五章二一―三三節において、とにかくパウロがいいたかったことは、①「キリストが自分の教会を愛したように、夫は妻を愛してください」、②「教会がキリストに従ったように、妻は夫に従ってください」ということです。

これではまるで妻は夫の奴隷のようです。しかし教会とキリストとの関係もこれに似ています。教会はある程度までキリストの奴隷です。どちらが困難でしょうか。

キリストは十字架に上がって死ぬほどに教会を愛しました。「夫もここまで妻を愛してください」というのがパウロの主張なのです。そのため、パウロは女性によりも男性に、より多くのことを要求しています。

「私ハ結婚シタコトガナイカラ、ドチラガイイカ分カリマセーン」

「神父さん、それではあなたには家族というものが無いので、寂しくはありませんか」

「教会ニ来テクレテイル人ビト全員ガ私ノ家族デス。ダカラ寂シクハアリマセン。大家族デスカラ」

それでは今日はこれで一休みしましょう。次回は祈りについて研究します。

# 第二十七話　祈り

（一）四つの祈り

「永遠の命の完全な幸福」を獲得するためには特別な命を受けなければなりません。その方法として、これまで学んだ七つの秘蹟（洗礼、聖体、罪の赦し、結婚、堅信、塗油、叙階）を受けるのですが、もう一つの方法として祈りがあります。

「あなたにとって、祈りとは何ですか」

「神との対話です。」

しかしこれだけでは分かりません。

「その対話の内容はどのようなものですか」

祈りには四つの内容があります。それは日本人の挨拶にとてもよく似ています。初めに①お辞儀をします。次に②最初の言葉として「いろいろお世話になっています。ありがとうございました」。次に③いろいろしていただいたのに「どうも申し訳ありません」。そして最後に④「今後ともどうぞよろしくお願いいたします」

このような挨拶と祈りの関係を分かりやすく、次ページに表にしました。

いきなり「私に・・・を与えてください」から始めないでください。キリストの祈りの中には四つのポイントがあります。それは「礼拝」、「感謝」、「謝罪」そして「今後ともよろしく」です。一番よい祈りとは、このように願をしないことです。

キリストはある意味ではずるかったようです。その例を一つ見てみましょう。

ヨハネ第一一章三八―四五節です。

日本人の挨拶と祈りの関係

| 挨拶 | 祈り |
| --- | --- |
| **お辞儀** | **礼拝**<br>神の完全性について黙想する。この偉い人から私は全部もらいました。命（霊魂と体）をもらいました。 |
| **お礼** | **感謝**<br>こんなにいいものをいただいてありがとうございました。 |
| **申し訳ありません。** | **謝罪**<br>この偉い人からたくさんもらったのに、私は全部、完全に使ったことがありません。無駄使いをしました。どうぞ「ゆるしてください」。 |
| **別れに挨拶** | **願い**<br>たくさんもらったけれども無駄使いした私の罪を海の中に流して、今後とも「どうぞよろしくお願いいたします」。 |

◆イエス、ラザロを生き返らせる

三八　イエスは、再び心に憤りを覚えて、墓に来られた。墓は洞穴で、石でふさがれていた。

三九　イエスが、「その石を取りのけなさい」と言われると、死んだラザロの姉妹マルタが、「主よ、四日もたっていますから、もうにおいます」と言った。

四〇　イエスは、「もし信じるなら、神の栄光が見られると、言っておいたではないか」と言われた。

四一　人々が石を取りのけると、イエスは天を仰いで言われた。「父よ、わたしの願いを聞き入れてくださって感謝します。

四二　わたしの願いをいつも聞いてくださることを、わたしは知っています。しかし、わたしがこう言うのは、周りにいる群衆のためです。あなたがわたしをお遣わしになったことを、彼らに信じさせるためです。」

四三　こう言ってから、「ラザロ、出て来なさい」と大声で叫ばれた。
四四　すると、死んでいた人が、手と足を布で巻かれたまま出て来た。顔は覆いで包まれていた。イエスは人々に、「ほどいてやって、行かせなさい」と言われた。

◆イエスを殺す計画
四五　マリアのところに来て、イエスのなさったことを目撃したユダヤ人の多くは、イエスを信じた。

四一節でお分かりのように、キリストは前もって父に感謝しています。例えばクリスマスの時、「これ買って、買って」とパパに願う前に、「去年のクリスマスはプレゼントをありがとう」というと、パパは喜んで今度もきっとプレゼントを買ってくれるでしょう。

キリストは神性があったのに人性で神に感謝しました。キリストは洗礼も受けています。必要なかったのに。それらはわたしたちに身をもって教えるためだったのです。

(二) 祈りのまとめ
祈りとは、神との対話であり、人間同士の挨拶に似ています。先ほどの表をもう少し具体的にお示しします。

①お辞儀＝礼拝　マタイ第一一章二五―三〇節、特に二五節です。

◆わたしのもとに来なさい
二五　そのとき、イエスはこう言われた。「天地の主である父よ、あなたをほめたたえます。これらのことを知恵ある者や賢い者には隠して、幼子のような者にお示しになりました。
二六　そうです、父よ、これは御心に適うことでした。
二七　すべてのことは、父からわたしに任せられています。父のほかに子を知る者はなく、子と、子が示そうと思う者のほかには、父を知る者はいません。
二八　疲れた者、重荷を負う者は、だれでもわたしのもとに来なさい。休ませてあげよう。
二九　わたしは柔和で謙遜な者だから、わたしの軛を負い、わたしに学びなさい。そうすれば、あなたがたは安らぎを得られる。
三〇　わたしの軛は負いやすく、わたしの荷は軽いからである。」

②お礼＝感謝　ヨハネ第一一章三八―四四節、特に四一節です。

三八　イエスは、再び心に憤りを覚えて、墓に来られた。墓は洞穴で、石でふさがれていた。
三九　イエスが、「その石を取りのけなさい」と言われると、死んだラザロの姉妹マルタが、「主よ、四日もたっていますから、もうにおいます」と言った。
四〇　イエスは、「もし信じるなら、神の栄光が見られると、言っておいたではないか」と言われた。
四一　人々が石を取りのけると、イエスは天を仰いで言われた。「父よ、わたしの願いを聞き入れてくださって感謝します。
四二　わたしの願いをいつも聞いてくださることを、わたしは知っています。しかし、わたしがこう言うのは、周りにいる群衆のためです。あなたがわたしをお遣わしになったことを、彼らに信じさせるためです。」
四三　こう言ってから、「ラザロ、出て来なさい」と大声で叫ばれた。
四四　すると、死んでいた人が、手と足を布で巻かれたまま出て来た。顔は覆いで包まれていた。イエスは人々に、「ほどいてやって、行かせなさい」と言われた。

③申し訳ありません＝謝罪　ルカ第一八章九―一四節、特に一三節です。

◆「ファリサイ派の人と徴税人」のたとえ

九　自分は正しい人間だとうぬぼれて、他人を見下している人々に対しても、イエスは次のたとえを話された。
一〇　「二人の人が祈るために神殿に上った。一人はファリサイ派の人で、もう一人は徴税人だった。
一一　ファリサイ派の人は立って、心の中でこのように祈った。『神様、わたしはほかの人たちのように、奪い取る者、不正な者、姦通を犯す者でなく、また、この徴税人のような者でもないことを感謝します。
一二　わたしは週に二度断食し、全収入の十分の一を献げています。』
一三　ところが、徴税人は遠くに立って、目を天に上げようともせず、胸を打ちながら言った。『神様、罪人のわたしを憐れんでください。』
一四　言っておくが、義とされて家に帰ったのは、この人であって、あのファリサイ派の人ではない。だれでも高ぶる者は低くされ、へりくだる者は高められる。」

④別れの挨拶＝願い　マタイ第七章七―一二節、特に七節です。

◆求めなさい

七　「求めなさい。そうすれば、与えられる。探しなさい。そうすれば、見つかる。門をたたきなさい。そうすれば、開かれる。
八　だれでも、求める者は受け、探す者は見つけ、門をたたく者には開かれる。
九　あなたがたのだれが、パンを欲しがる自分の子供に、石を与えるだろうか。
一〇　魚を欲しがるのに、蛇を与えるだろうか。
一一　このように、あなたがたは悪い者でありながらも、自分の子供には良い物を与えることを知っている。まして、あなたがたの天の父は、求める者に良い物をくださるにちがいない。
一二　だから、人にしてもらいたいと思うことは何でも、あなたがたも人にしなさい。これこそ律法と預言者である。」

祈り方についてはルカ第一一章一―一三節、特に九節です。

◆祈るときには

一　イエスはある所で祈っておられた。祈りが終わると、弟子の一人がイエスに、「主よ、ヨハネが弟子たちに教えたように、わたしたちにも祈りを教えてください」と言った。
二　そこで、イエスは言われた。「祈るときには、こう言いなさい。『父よ、／御名が崇められますように。御国が来ますように。
三　わたしたちに必要な糧を毎日与えてください。
四　わたしたちの罪を赦してください、／わたしたちも自分に負い目のある人を／皆赦しますから。わたしたちを誘惑に遭わせないでください。』」
五　また、弟子たちに言われた。「あなたがたのうちのだれかに友達がいて、真夜中にその人のところに行き、次のように言ったとしよう。『友よ、パンを三つ貸してください。
六　旅行中の友達がわたしのところに立ち寄ったが、何も出すものがないのです。』
七　すると、その人は家の中から答えるにちがいない。『面倒をかけないでください。もう戸は閉めたし、子供たちはわたしのそばで寝ています。起きてあなたに何かをあげるわけにはいきません。』
八　しかし、言っておく。その人は、友達だからということでは起きて何か与えるようなことはなくても、しつように頼めば、起きて来て必要なものは何でも与えるであろう。
九　そこで、わたしは言っておく。求めなさい。そうすれば、与えられる。探しなさい。そうすれば、見つかる。門をたたきなさい。そうすれば、開かれる。
一〇　だれでも、求める者は受け、探す者は見つけ、門をたたく者には開かれる。
一一　あなたがたの中に、魚を欲しがる子供に、魚の代わりに蛇を与える父親がいるだろうか。
一二　また、卵を欲しがるのに、さそりを与える父親がいるだろうか。
一三　このように、あなたがたは悪い者でありながらも、自分の子供には良い物を与えることを知ってい
る。まして天の父は求める者に聖霊を与えてくださる。」

神への信頼については、マタイ第六章二四―三四節、特に三二、三三節です。

◆神と富
二四　「だれも、二人の主人に仕えることはできない。一方を憎んで他方を愛するか、一方に親しんで他
方を軽んじるか、どちらかである。あなたがたは、神と富とに仕えることはできない。」
◆思い悩むな
二五　「だから、言っておく。自分の命のことで何を食べようか何を飲もうかと、また自分の体のことで
何を着ようかと思い悩むな。命は食べ物よりも大切であり、体は衣服よりも大切ではないか。
二六　空の鳥をよく見なさい。種も蒔かず、刈り入れもせず、倉に納めもしない。だが、あなたがたの天
の父は鳥を養ってくださる。あなたがたは、鳥よりも価値あるものではないか。
二七　あなたがたのうちだれが、思い悩んだからといって、寿命をわずかでも延ばすことができようか。
二八　なぜ、衣服のことで思い悩むのか。野の花がどのように育つのか、注意して見なさい。働きもせず、
紡ぎもしない。
二九　しかし、言っておく。栄華を極めたソロモンでさえ、この花の一つほどにも着飾ってはいなかった。
三〇　今日は生えていて、明日は炉に投げ込まれる野の草でさえ、神はこのように装ってくださる。まし

て、あなたがたにはなおさらのことではないか、信仰の薄い者たちよ。

三一　だから、『何を食べようか』『何を飲もうか』『何を着ようか』と言って、思い悩むな。

三二　それはみな、異邦人が切に求めているものだ。あなたがたの天の父は、これらのものがみなあなたがたに必要なことをご存じである。

三三　何よりもまず、神の国と神の義を求めなさい。そうすれば、これらのものはみな加えて与えられる。

三四　だから、明日のことまで思い悩むな。明日のことは明日自らが思い悩む。その日の苦労は、その日だけで十分である。」

ところで、祈りには（一）直接的な祈りと、（二）間接的な祈りがあります。

（一）直接的な祈り

新約聖書

・Pater　主の祈り　マタイ第六章九―一三節

・Magnificat　マリアの神に対する祈り　ルカ第一章四六―五五節　夜の祈り

・Benedictus　ザカリアの祈り　ルカ第一章六七―七九節　朝の祈り

・Nunc Dinitlis　シメオンの祈り　ルカ第二章二八―三四節　寝る前の祈り

旧約聖書

・Psalmi　詩編

・Proverbia　格言

・Ecclesiastes　コヘレット・伝道

・Canticum Cantic　雅歌

・Sapientia　知恵
・Ecclesiaticus　集会
これら、聖書の箇所を興味のある方は読んでみてください。ここでは引用を省略いたします。

（二）間接的祈り
・イエス・キリストをとおして神に祈ります。即ちミサです。
・聖母マリアをとおして神に祈ります。即ちロザリオの祈りです。

（三）ロザリオの祈り
これは全部で三巻から成ります。
①喜びの玄義　一巻（第一玄義、第二玄義、第三玄義、第四玄義、第五玄義）
②苦しみの玄義　一巻（第一玄義、第二玄義、第三玄義、第四玄義、第五玄義）
③栄えの玄義　一巻（第一玄義、第二玄義、第三玄義、第四玄義、第五玄義）

これら三つの玄義を曜日によってそれぞれ祈るのがロザリオの祈りと呼ばれています。その祈りの内容がどのようなものか、どのような意味があるのか、もっと詳しく知りたい方は、近くのカトリック教会の門を叩いてください。

ロザリオの祈りはとても長く、同じ言葉を何度も唱えます。そのため、今何回目をやっているか自分でも忘れてしまいます。それを防ぐため、ちょうど仏教で使うお数珠のようなものがあります。その球を指で数えながら今何回目の祈りかを確認します。見かけは十字架のついた首飾りのようなものです。カトリックを知らない若い女性がそれをアクセサリーとして首に飾っているのをたまに見かけますが、信心深い人からみれば、ちょっと眉をひそめたくなるかもしれません。

「聖書ノアル部分ヲ読ンデ、ソノコトヲ黙想スルコトガ一番良イロザリオノ祈リデス。」

今日もたくさんの聖書の箇所を読んでお疲れになったことでしょう。どうぞ、これで一休みしましょう。次はいよいよ最終回です。今日はゆっくりお休みください。

# 結論　たとえ話

「種を蒔く人」のたとえ話と、これにかんするキリストによる説明をここで紹介します。これが本書の最終的な結論です。まずマルコ第四章一―二〇節を読んでください。

◆「種を蒔く人」のたとえ

一　イエスは、再び湖のほとりで教え始められた。おびただしい群衆が、そばに集まって来た。そこで、イエスは舟に乗って腰を下ろし、湖の上におられたが、群衆は皆、湖畔にいた。
二　イエスはたとえでいろいろと教えられ、その中で次のように言われた。
三　「よく聞きなさい。種を蒔く人が種蒔きに出て行った。
四　蒔いている間に、ある種は道端に落ち、鳥が来て食べてしまった。
五　ほかの種は、石だらけで土の少ない所に落ち、そこは土が浅いのですぐ芽を出した。
六　しかし、日が昇ると焼けて、根がないために枯れてしまった。
七　ほかの種は茨の中に落ちた。すると茨が伸びて覆いふさいだので、実を結ばなかった。
八　また、ほかの種は良い土地に落ち、芽生え、育って実を結び、あるものは三十倍、あるものは六十倍、あるものは百倍にもなった。」
九　そして、「聞く耳のある者は聞きなさい」と言われた。

◆たとえを用いて話す理由

一〇　イエスがひとりになられたとき、十二人と一緒にイエスの周りにいた人たちとがたとえについて尋ねた。
一一　そこで、イエスは言われた。「あなたがたには神の国の秘密が打ち明けられているが、外の人々には、すべてがたとえで示される。
一二 それは、／『彼らが見るには見るが、認めず、／聞くには聞くが、理解できず、／こうして、立ち帰って赦されることがない』／ようになるためである。」

◆「種を蒔く人」のたとえの説明

一三 また、イエスは言われた。「このたとえが分からないのか。では、どうしてほかのたとえが理解できるだろうか。
一四 種を蒔く人は、神の言葉を蒔くのである。
一五 道端のものとは、こういう人たちである。そこに御言葉が蒔かれ、それを聞いても、すぐにサタンが来て、彼らに蒔かれた御言葉を奪い去る。
一六 石だらけの所に蒔かれるものとは、こういう人たちである。御言葉を聞くとすぐ喜んで受け入れるが、
一七 自分には根がないので、しばらくは続いても、後で御言葉のために艱難や迫害が起こると、すぐにつまずいてしまう。
一八 また、ほかの人たちは茨の中に蒔かれるものである。この人たちは御言葉を聞くが、
一九 この世の思い煩いや富の誘惑、その他いろいろな欲望が心に入り込み、御言葉を覆いふさいで実らない。
二〇 良い土地に蒔かれたものとは、御言葉を聞いて受け入れる人たちであり、ある者は三十倍、ある者は六十倍、ある者は百倍の実を結ぶのである。」

（一）四節のたとえ話

四　蒔いている間に、ある種は道端に落ち、鳥が来て食べてしまった。

このたとえ話について、キリストは一五節で次のように説明します。

一五　道端のものとは、こういう人たちである。そこに御言葉が蒔かれ、それを聞いても、すぐにサタンが来て、彼らに蒔かれた御言葉を奪い去る

これをもう少し分かりやすく説明します。

・御言葉＝聖書の言葉＝キリストの言葉です。
・サタン＝悪魔の誘惑です。これは今も働いています。

キリストもサタンの誘惑に直面しました。マルコ第一章一二―一三節です。

◆誘惑を受ける

一二　それから、〝霊〟はイエスを荒れ野に送り出した。
一三　イエスは四十日間そこにとどまり、サタンから誘惑を受けられた。その間、野獣と一緒におられたが、天使たちが仕えていた。

あるいは、ルカ第四章一―一三節にもあります。

◆誘惑を受ける

一　さて、イエスは聖霊に満ちて、ヨルダン川からお帰りになった。そして、荒れ野の中を〝霊〟によって引き回され、
二　四十日間、悪魔から誘惑を受けられた。その間、何も食べず、その期間が終わると空腹を覚えられた。
三　そこで、悪魔はイエスに言った。「神の子なら、この石にパンになるように命じたらどうだ。」
四　イエスは、「『人はパンだけで生きるものではない』と書いてある」とお答えになった。

五　更に、悪魔はイエスを高く引き上げ、一瞬のうちに世界のすべての国々を見せた。
六　そして悪魔は言った。「この国々の一切の権力と繁栄とを与えよう。それはわたしに任されていて、これと思う人に与えることができるからだ。
七　だから、もしわたしを拝むなら、みんなあなたのものになる。」
八　イエスはお答えになった。「『あなたの神である主を拝み、／ただ主に仕えよ』／と書いてある。」
九　そこで、悪魔はイエスをエルサレムに連れて行き、神殿の屋根の端に立たせて言った。「神の子なら、ここから飛び降りたらどうだ。
一〇　というのは、こう書いてあるからだ。『神はあなたのために天使たちに命じて、／あなたをしっかり守らせる。』
一一　また、／『あなたの足が石に打ち当たることのないように、／天使たちは手であなたを支える。』」
一二　イエスは、「『あなたの神である主を試してはならない』と言われている」とお答えになった。
一三　悪魔はあらゆる誘惑を終えて、時が来るまでイエスを離れた。

さらにマタイ第四章一―一一節も読んでください。

◆誘惑を受ける
一　さて、イエスは悪魔から誘惑を受けるため、〝霊〟に導かれて荒れ野に行かれた。
二　そして四十日間、昼も夜も断食した後、空腹を覚えられた。
三　すると、誘惑する者が来て、イエスに言った。「神の子なら、これらの石がパンになるように命じたらどうだ。」
四　イエスはお答えになった。「『人はパンだけで生きるものではない。神の口から出る一つ一つの言葉で生きる』／と書いてある。」

五　次に、悪魔はイエスを聖なる都に連れて行き、神殿の屋根の端に立たせて、
六　言った。「神の子なら、飛び降りたらどうだ。『神があなたのために天使たちに命じると、／あなたの足が石に打ち当たることのないように、／天使たちは手であなたを支える』／と書いてある。」
七　イエスは、「『あなたの神である主を試してはならない』とも書いてある」と言われた。
八　更に、悪魔はイエスを非常に高い山に連れて行き、世のすべての国々とその繁栄ぶりを見せて、
九　「もし、ひれ伏してわたしを拝むなら、これをみんな与えよう」と言った。
一〇　すると、イエスは言われた。「退け、サタン。『あなたの神である主を拝み、／ただ主に仕えよ』／と書いてある。」
一一　そこで、悪魔は離れ去った。すると、天使たちが来てイエスに仕えた。

キリスト自身もサタンの誘惑に直面します。キリストは「人間はパンだけで生きるものではない。神の口から出る一つ一つの言葉、即ち種で生きる」といってサタンを退かせます。

残念ながら人間はキリストの言葉を聞いても、なかなか信じません。信じることができるのは神の恵みのおかげさまです。

(二)　五節と六節のたとえ話
五　ほかの種は、石だらけで土の少ない所に落ち、そこは土が浅いのですぐ芽を出した。
六　しかし、日が昇ると焼けて、根がないために枯れてしまった。
これに対するキリストの説明は一六節と一七節です。

一六　石だらけの所に蒔かれるものとは、こういう人たちである。御言葉を聞くとすぐ喜んで受け入れるが、
一七　自分には根がないので、しばらくは続いても、後で御言葉のために艱難や迫害が起こると、すぐにつまずいてしまう。

もう少し具体的に説明します。つまり、信仰の喜びはあるものの、その信仰はそれほど深くありません。そのため、外からの困難に直面するとすぐに信仰を失ってしまいます。聞いて、喜んで信じて、しかし実行しない人のことをいっています。

リシャール神父「キリスト教は難しいです。これは十字架の試練の道です。本当は、苦しみに直面した時、喜んで受け入れることができたらいいのですが」

(三) 七節のたとえ話

七　ほかの種は茨の中に落ちた。すると茨が伸びて覆いふさいだので、実を結ばなかった。

これに対するキリストの説明は一八節と一九節です。

一八　また、ほかの人たちは茨の中に蒔かれるものである。この人たちは御言葉を聞くが、
一九　この世の思い煩いや富の誘惑、その他いろいろな欲望が心に入り込み、御言葉を覆いふさいで実らない。

「内側からの困難もあります」ということを教えています。聞いて、信じて、しばらくの間はキリストの教えを実行するのですが、それが長続きしない人のことを意味します。

(四) 八節のたとえ話

八　また、ほかの種は良い土地に落ち、芽生え、育って実を結び、あるものは三十倍、あるものは六十倍、あるものは百倍にもなった。

これに対するキリストの説明は二〇節です。

二〇　良い土地に蒔かれたものとは、御言葉を聞いて受け入れる人たちであり、ある者は三十倍、ある者は六十倍、ある者は百倍の実を結ぶのである。

これについてはヨハネも同じことをいっています。ヨハネ第一四章一―二節です。

◆イエスは父に至る道

一　「心を騒がせるな。神を信じなさい。そして、わたしをも信じなさい。

二　わたしの父の家には住む所がたくさんある。もしなければ、あなたがたのために場所を用意しに行くと言ったであろうか。

父の家には住むところがたくさんあります。そこに住むためには三十倍、六十倍、百倍など、自分の力に応じてキリストの教えを実行します。ここには書かれていませんが、たとえ二倍の家に入れたとしても、その人にとっては百％の満足があるのではないでしょうか。

これら四つのたとえ話の結論としては、「聖書の言葉を聞いて、それを信じて、ずっとキリストの教えを実行してください」ということになるでしょう。

本書に書かれていることを信じて、実行している人びとがカトリック教徒と呼ばれています。本書はキリスト教、特にカトリックについての概要でしかありません。ですから嘘みたいな話だと思われる方も多いことでしょう。

それでは、今日まで本書を忍耐強く読んでくださったあなたに、今ここで、心の底から感謝申し上げます。ありがとうございました。今日はこれで本当に終わりです。

それではみなさん、お互いに実りある人生に乾杯いたしましょう。乾杯。

# おわりに

私からリシャール神父へ宛てる手紙をもって、「おわりに」に代えたいと思います。
「リシャール神父様。あなたは東京で私と会うたびに、『ブロー神父様のような本をあなたも出版してください。その本の中で、あなたがどうやって洗礼を受けるに至ったか、その道のりを書いてくださいしゃっていました。私にはそのようなことはできないと心の中で思いつつ、『はい、いつの日か』と生返事をしていたことを思い出します。

もうひとつ、あなたに謝罪しなければなりません。昨年の春、東京の「学生の家」であなたとお会いしたとき、あなたは『東京の夏は暑くて体にこたえるので、今年の夏はケベックに一時帰国します。手紙をください』とおっしゃって、ケベックの住所を私の手帳に書いてくださいました。日本もそろそろ暑くなってきたので、手紙でも書こうかなと思っていた矢先、あなたがケベックで他界されたことを突然知り、あなたが生きているうちに約束が果せなかったことをただただ後悔しました。

人は必ず死ぬということは本書の第七話でも記しました。そのことは理性では納得することができます。しかし感情で受け入れることは、はなはだ困難です。今、あなたは第七話の⑤の段階にきっとおられるのでしょう。

私の義母が亡くなったとき、あなたにそのことをご報告しました。彼女は仏式での葬儀でした。あなたは『信者ではない人のために祈ることこそが私たちの務めです』といって、日曜日のミサで彼女のために、特別に祈ってくださいました。神父様、ありがとう。

『私の父が亡くなりました』と、母と二人であなたにご報告に行ったとき、まさにその瞬間に、一粒の大きな涙があなたの目からこぼれ落ちるのを私は見てしまいました。あんなに一瞬に涙が出るなんて。そして同じようにミサで特別に祈ってくださいました。私の母が亡くなったときもそうでした。『信者ではない人のために』があなたの口癖でした。神父様、ありがとう。

そして今度はあなた自身が一人で旅立たれました。私はまだあと少し、この世に残ります。神が呼んでくださるまで、全力で残された命の炎を燃やし続けます。両親から受け継いだこの世の命と、あなたからいただいた超自然の命の炎を。

あなたはいつも『難しいことを難しく語ることは簡単だ。易しいことを難しく語ることは最悪だ。難しいことをできるだけ分かりやすく、簡単に語ることが一番大切です』とおっしゃっていました。私はあなたの言葉を忘れてはいません。本書はあなたの気に入るものとなったでしょうか。少し心配です。でもこれは決して失敗ではありません。本書を書いているとき、私の傍にはいつもあなたがおられました。私はあなたの声を聴きながら書いていました。だから決して失敗ではありません、と思います、と思いたいです。
⑤におられるリシャール神父様、わたしたちのため、わたしたちが皆そろっていつの日か、あなたと同じ⑤に入ることができますよう、神に取り次いでください。死は命の終わりではありません。永遠の命の始まりです。あなたの死によって、私の目にはもうあなたは見えません。しかしあなたは私の中で生き続けておられます。どうぞ、私にあなたのところに至る道をこれからも示してください。
あなたは私に超自然の命の外にも、たくさんのものを惜しみなく与えてくださいました。本当にありがとうございました。またお会いしましょう。合掌」

二〇一三年 四月

大熊　薫

本書における登場人物紹介

ロベール・トマ・リシャール神父　Robert Thomas RICHARD o.p.（ドミニコ会士）
　一九一八年　カナダ、ケベック生まれ
　一九五〇年　ハーバード大学卒業
　一九五五年　東京大学大学院入学
　一九五九年　神田にトマス学院設立
　一九六〇年　経済学博士号取得（東京大学）
　一九六六年　新宿「学生の家」院長就任
　一九七七年　箱崎教会（福岡市）主任司祭
　数十年後、新宿「学生の家」に戻る
　二〇一一年七月一四日　ケベックにて他界

ベルナール・ブロー神父　Bernard BRO o.p.（ドミニコ会士）
　一九二五年生まれ
　神学博士、哲学博士
　約三十冊ほどのカトリック、神学に関する本を出版
　一九八三年　それらの書物がアカデミーフランセーズ受賞作品となる
　一九九九年　シュバリエ・ドゥ・ラ・レジヨン・ドヌール勲章を受賞

筆者紹介

大熊　薫（おおくま　かおる）
一九四九年　福岡県生まれ
一九六八年　福岡県立修猷館高等学校卒業
一九八一年九月―一九八二年九月　パリ、ドミニコ会修道院にてカトリック神学研究
二〇一三年三月まで三期六年間熊本大学文学部長
現在熊本大学附属図書館長、文学部教授、博士（文学）
主な著書
『ヴェルレーヌ――自己表現の変遷――』、早美出版社、二〇〇一年、
『ヴェルレーヌ――「聖」と「俗」との狭間で――』、早美出版社、二〇〇七年
訳書
『イエスと歩む福音宣教の旅』（共訳）、ドン・ボスコ社、一九九三年

本書の校正に当たっては、熊本大学文学部コミュニケーション情報学科長であり、二〇一三年四月から熊本大学文学部副学部長である水元豊文教授及び同学科四年生の村上裕之君（現在株式会社南陽社員）に大変お世話になりました。この場をお借りしてお二人に感謝申し上げます。

おしえて、カトリックって。

2013年 10月20日　初版発行

著　者　大熊　薫

発行者　山﨑雅昭
発行所　早美出版社
東京都新宿区早稲田町80番地
TEL. 03 (3203) 7251
FAX. 03 (3203) 7417

印刷所　音羽印刷株式会社
製本所　壷屋製本株式会社
ISBN978-4-86042-079-6


http://www.sobi-shuppansha.com
落丁・乱丁はお取り替えいたします。
定価はカバーに表示してあります。